# Aldidente
# Hausmannskost

Gabriele Rescher

Aldidente Hausmannskost
Deftiges aus
Mutterns Küche

Eichborn.

Die Deutsche Bibliothek – CIP-Einheitsaufnahme

Rescher, Gabriele:

Aldidente Hausmannskost : Deftiges aus Mutterns Küche /

Gabriele Rescher. - Frankfurt am Main : Eichborn, 2002

ISBN 3-8218-3714-4

© Eichborn AG, Frankfurt am Main, Februar 2002

Umschlagillustration: Uschi Heusel

Lektorat: Oliver Thomas Domzalski

Redaktion: Sassa Valérie Kraft

Layout und Satz: die Basis, Wiesbaden

Druck und Bindung: WS Bookwell, Finnland

ISBN 3-8218-3714-4

Verlagsverzeichnis schickt gern:

Eichborn Verlag, Kaiserstraße 66,

D – 60329 Frankfurt am Main

www.eichborn.de

# Inhaltsverzeichnis

# Vorwort

Fragt man Menschen nach ihrem Lieblingsessen, dann bekommt man sehr selten ein überkandideltes Gericht à la »Zwei Hummerkniegelenke auf einem Edelweißblatt an einer Mousse von sautierten Wachteleiern« zu hören. Bekenntnisse zur Haute Cuisine mit ihren Riesentellern und »wenig drauf« sind eher selten. Normalerweise antworten einem die Leute vielmehr: »Wenn ich ehrlich bin: Schweinebraten mit schöner Kruste. Oder Kartoffelsuppe. Oder: Mamas leckere Rouladen.«

Dieses Buch ist ehrlich. Es bekennt sich zum einfachen, deftig-leckeren Essen aus Mutterns und Omas Küche – von der deftigen Gemüsesuppe und den Kartoffelpuffern über den traditionellen Braten mit Klößen und das zünftige Bauernfrühstück bis zum Kaiserschmarrn. Und viele andere bodenständige deutsche und mitteleuropäische Gerichte, so wie sie schon unsere Großmütter auf den Tisch brachten, um nach anstrengendem Arbeitstag und aufregendem Schulleben den Hausfrieden wieder her- und alle Bäuche zufriedenzustellen.

Für alle Rezepte gilt zudem:
Nicht nur oberlecker, sondern auch preiswert, unkompliziert und schnell in der Zubereitung.
Alle Rezepte sind, wenn nicht anders angegeben für vier Personen gedacht.

Suppen und
Eintöpfe

# Weiße Bohnen

**Zutaten:**
500 g weiße Bohnen
500 g Hammelrippchen
1 Zweig Bohnenkraut
1/2 l Brühe
1 Suppengrün
300 g Tomaten
Salz, Pfeffer, Knoblauchpulver
3 EL gehackte Petersilie

Die Bohnen müssen über Nacht in reichlich Wasser eingeweicht werden. Hammelrippchen am nächsten Tag gut waschen und mit den Bohnen und Bohnenkraut im Einweichwasser aufkochen. Dann den halben Liter Brühe aufgießen und im geschlossenen Topf ca. 2 Stunden garen. Das Fleisch aus dem Topf nehmen und kleinschneiden. Das geputzte Suppengrün würfeln und mit den gehäuteten und gewürfelten Tomaten zu den Bohnen geben. Weitere 15 Minuten garen. Das Fleisch wieder hinzufügen, das Ganze mit Salz, Pfeffer und Knoblauchpulver abschmecken und ganz zum Schluß Petersilie über den Eintopf streuen.

# Erbsensuppe mit Speck

*Zutaten:*
500 g ungeschälte gelbe Erbsen
1 Bund Suppengrün
2 Zwiebeln
250 g Räucherspeck
Majoran
Salz, Pfeffer
3 Kartoffeln

Die Erbsen müssen gewaschen und über Nacht in reichlich Wasser eingeweicht werden. Die Erbsen am nächsten Tag mit dem Einweichwasser, dem unzerteilten Suppengrün, den Zwiebeln, dem ganzen Speckstück und den Gewürzen aufkochen lassen und bei mittlerer Hitze garen. Von Zeit zu Zeit etwas Wasser nachgießen. In der letzten Viertelstunde geschälte und in Würfel geschnittene Kartoffeln mitkochen lassen. Speck herausnehmen und fein geschnitten wieder in die Suppe geben, vor dem Servieren noch einmal kurz aufkochen lassen.

# Leberknödelsuppe

## Zutaten:

400 g Querrippe
2 Scheiben Leber
1 Zwiebel
2 Knoblauchzehen
1 1/2 l gekörnte Brühe
1 Stange Porree
1 Stück Sellerie
3 Möhren
etwas Fett
2 Zwiebeln
1 Ei
Salz, Pfeffer
Semmelbrösel

Das Fleisch mit der Zwiebel und den Knoblauchzehen in 1 1/2 Liter Brühe kochen. Eventuell ein wenig nachsalzen. Das Gemüse würfeln, in Fett leicht dünsten und der Fleischbrühe hinzufügen. Wenn das Fleisch gar ist, die Brühe durch ein Sieb gießen und weiterkochen. Jetzt die Leber sehr fein hacken, die Zwiebeln in ganz kleine Würfel schneiden und mit dem Ei, Salz und Pfeffer sowie den Semmelbröseln zu einem festen Teig verarbeiten. Kleine Kügelchen formen und zu der Brühe geben. Nochmals kurz aufkochen lassen und mit Nudeln oder Spätzle servieren.

# Süßsaure Linsen

## Zutaten:
500 g Linsen
1 Bund Suppengrün
Salz
150 g geschälte und gewürfelte Kartoffeln
125 g Räucherspeck
2 Zwiebeln
Essig, Pfeffer
Zucker

Gewaschene Linsen über Nacht in reichlich Wasser einweichen, dann mit kleingeschnittenem Suppengrün und Salz im Einweichwasser weich kochen. Nach etwa der Hälfte der Kochzeit die schon gewürfelten Kartoffeln dazugeben. Speck und Zwiebeln kleinwürfeln, zusammen ausbraten und an die Suppe geben. Mit Essig, Pfeffer und Zucker abschmecken. Gegebenenfalls mit Spätzle servieren.

# Kohlrabieintopf

## Zutaten:
500 g Suppenfleisch
gekörnte Brühe oder Brühpaste
3-5 Kohlrabi
1 kleiner Brokkoli
Butter
Salz, Pfeffer

Zuerst das Suppenfleisch ca. 1 Stunde bei mittlerer Hitze in reichlich Wasser kochen lassen. Kurz vor Schluß etwas gekörnte Brühe oder Brühpaste zugeben. Den Kohlrabi schälen, in Stücke oder Würfel schneiden und in der Butter andünsten. Den Brokkoli waschen und in kleine Röschen aufteilen. Das Fleisch aus der Brühe nehmen, kleinschneiden und wieder zugeben. Den Kohlrabi und den Brokkoli hinzufügen und nochmals 15 Minuten kochen lassen. Zum Schluß das Ganze mit Salz und Pfeffer würzen.

# Sommersuppe

### Zutaten:

1 kleines Hähnchen

2 EL Zitronensaft

4 EL Sojasoße

1 Lorbeerblatt

Salz

1 EL gekörnte Brühe

200 g Langkornreis

200 g Lauch

150 g Möhren

200 g Blumenkohl

10 g junge Erbsen

200 g Tomaten

Salz, Pfeffer

Petersilie

Hähnchen waschen und in einem Suppentopf zusammen mit ca. 1 L Wasser, Zitronensaft, Sojasoße, Lorbeerblatt und etwas Salz aufkochen. Gekörnte Brühe hinzufügen und ca. 30 bis 40 Minuten kochen lassen. Dann das Huhn aus der Brühe nehmen, erkalten lassen und das Fleisch in kleine Stücke schneiden. Brühe wieder zum Kochen bringen, den Reis hinzufügen und ca. 10 Minuten garen. Lauch in Ringe, Möhren in Scheiben, Blumenkohl in Röschen teilen, Erbsen waschen. Tomaten brühen, abziehen und in Würfel schneiden. Das Gemüse in die Suppe geben und weitere 10 Minuten kochen lassen. Das Fleisch hinzufügen, mit Salz und Pfeffer abschmecken und mit gehackter Petersilie bestreuen.

# Niedersächsische Kartoffelsuppe

### Zutaten:

1 1/4 l Fleischbrühe

1 kg Kartoffeln

1 Paprikaschote

3 Stangen Lauch

1 kleiner Zweig getrocknetes Maggikraut
1/4 TL Thymian
1/4 TL Majoran
3 Zwiebeln
1 Knoblauchzehe
150 g durchwachsener Speck
2 EL Butter
Salz, Pfeffer

Fleischbrühe zum Kochen bringen, Kartoffeln schälen und in kleine Würfel schneiden. Paprikaschote vierteln, entkernen und in kleine Stifte schneiden. Lauch putzen und in Ringe schneiden. Alles zusammen mit dem Majoran, Thymian und Maggikraut garen. Zum Schluß mit dem Kartoffelstampfer grob stampfen, bis die Suppe sämig ist.
Zwiebeln und Knoblauch schälen und mit dem Speck in Würfel schneiden. In einer Pfanne die Butter erhitzen und dort den Speck auslassen, Zwiebel- und Knoblauchwürfel hinzufügen, alles goldgelb dünsten und unter die Suppe rühren. Mit Salz und Pfeffer abschmecken.

# Hühnerbrühe mit Ei

Zutaten:
1 l Hühnerbrühe
1 TL Curry
1 Lorbeerblatt
Salz, Pfeffer
2 Möhren
2 Stangen Lauch
4 EL gehackte Petersilie
4 Eigelb

Hühnerbrühe mit Curry und dem Lorbeerblatt ca. 8 Minuten kochen und mit Salz und Pfeffer abschmecken. Möhren waschen, putzen und in Scheiben schneiden. Lauch putzen, waschen, in feine Ringe schneiden und das Gemüse in der Brühe weichkochen. Gehackte Petersilie hineingeben. Je ein Eigelb in die Suppenteller verteilen und die heiße Brühe aufgießen.

# Graupensuppe

### Zutaten:
250 g Graupen
750 g Schweinerippchen
Suppengrün
500 g Kartoffeln
Salz, Pfeffer, Brühpaste

Über Nacht die gewaschenen Graupen in reichlich Wasser einweichen. Die Graupen mit dem Einweichwasser, den Rippchen und dem gewürfelten Suppengemüse zum Kochen bringen und alles knapp 11/2 Stunden köcheln lassen. Kartoffeln in Würfel schneiden, zu den Graupen geben und alles ca. 20 bis 30 Minuten weiterköcheln lassen. Mit einer Messerspitze Brühpaste, Salz und Pfeffer würzen und nochmals kurz aufkochen. Das Fleisch herausnehmen, von den Knochen lösen, kleinschneiden und zurück in die Suppe geben. Nochmals nachwürzen.

# Erbseneintopf mit Kasseler

### Zutaten:
500 g getrocknete Erbsen
300 g Kasseler
Salz, Pfeffer, Majoran
100 g durchwachsener Speck
3 Zwiebeln
1 Knoblauchzehe
2 EL Butter

Die gewaschenen Erbsen über Nacht in 1 Liter kaltem Wasser einweichen.
Kasseler abspülen und mit den Erbsen und dem Einweichwasser zum Kochen bringen.
Mit Salz, Pfeffer und Majoran würzen. Nach 1 Stunde Kochzeit das Kasseler aus dem Topf nehmen und kleinschneiden. Erbsen weitere 60 Minuten köcheln lassen. Dann das kleingeschnittene Kasseler wieder hinzufügen. Den Speck würfeln, die Zwiebeln schälen und wür-

feln, die Knoblauchzehe schälen und hacken. Dann den Speck in der Butter auslassen, die Zwiebeln darin goldgelb dünsten und die gehackte Knoblauchzehe hinzufügen. Kurz vor dem Servieren den ausgelassenen Speck mit Zwiebeln und Knoblauch unter den Eintopf rühren. Alles nochmals abschmecken.

# Weißkohleintopf

### Zutaten:
1 Weißkohlkopf
5 Kartoffeln
1 Zwiebel
250 g Schweinebauch
100 g Räucherspeck
Kümmel, Tomatenmark
Salz, Pfeffer
1/2 l Gemüsebrühe

Den Weißkohl putzen und hobeln oder schneiden. Die Kartoffeln schälen, in Würfel schneiden und separat fast weich kochen. Die Zwiebel hacken, den Schweinebauch grob und den Speck fein würfeln. Fleisch ohne Fett bräunen, Zwiebeln dazugeben und zusammen anbraten. Tomatenmark und Kümmel unterrühren, mit Salz und Pfeffer abschmecken. Alles mit Brühe auffüllen. Die Zutaten etwas kochen lassen, danach Kohl zugeben und das Gericht eine Stunde garen. Kurz vor Schluß die Kartoffeln zugeben. Nochmals abschmecken.

# Erbsen-Nudel-Eintopf

**Zutaten:**

1 Zwiebel

Lorbeerblatt

2 Nelken

500 g Rindfleisch

1 1/2 l Wasser (leicht gesalzen)

200 g Bandnudeln

600 g Tiefkühlerbsen und Karotten

1 EL gehackte Kräuter

Brotwürfel

Fett

Die Zwiebel mit dem Lorbeerblatt und den Nelken spicken. Nun das Rindfleisch mit der gespickten Zwiebel in das warme, leicht gesalzene Wasser geben, zum Kochen bringen und gar werden lassen. Die Nudeln extra in Salzwasser abkochen und kalt abschrecken. Das gegarte Rindfleisch in Würfel schneiden, die Zwiebel aus der Brühe nehmen und die Erbsen, das Fleisch und die Nudeln einige Minuten in der Brühe kochen. Zuletzt mit Kräutern bestreuen und mit in der Pfanne mit Fett gerösteten Brotwürfeln servieren.

# Leipziger Suppentopf

### Zutaten:

500 g Rindfleisch

1 Lorbeerblatt

1 1/2 l Wasser

1 Sellerieknolle (in Würfel geschnitten)

4 Karotten (in Würfel geschnitten)

2 Stangen Porree (in Streifen geschnitten)

Salz, Pfeffer, 1 Brühwürfel

4 Tomaten

Petersilie (gehackt)

1/2 l Milch

Salz, Muskat

100 g Grieß

4 Eier

Das Rindfleisch mit dem Lorbeerblatt in 11/2 Liter heißes Wasser geben und ca. 1/2 Stunde kochen. Karotten, Selleriewürfel und Lauchstreifen dazugeben, mit Salz, Pfeffer und Brühwürfel würzen und nochmals 30 Minuten kochen lassen. Tomaten überbrühen, die Haut abziehen und das Tomatenfleisch würfeln. Die Suppe mit Tomaten und Petersilie bestreuen. Die Milch gesondert zum Kochen bringen, mit Salz und Muskat würzen, den Grieß einrühren, einige Minuten quellen lassen und die Eier unterrühren. Von der Grießmasse mit einem Teelöffel abgestochene kleine Klöße in heißes Wasser einlegen, 8 Minuten darin ziehen lassen und danach in die Suppe geben.

# Grünkernsuppe

## Zutaten:
40 g Butter
100 g Grünkernmehl
1 l Wasser
1/8 l Sahne
Salz, Pfeffer
Zucker, Muskatnuß
1 EL gehackte Kräuter
2 Scheiben Weißbrot
Butter

Die Butter zerlassen, das Grünkernmehl so lange darin erhitzen, bis es hellgelb ist. Ca. 1 l Wasser hinzugießen, mit einem Schneebesen durchschlagen, zum Kochen bringen und 10 Minuten garen lassen. Jetzt die Sahne hinzufügen, mit Salz, Pfeffer, Zucker und Muskatnuß würzen und die Kräuter unterrühren. Butter in der Pfanne erhitzen. Weißbrotwürfel in der heißen Butter goldgelb rösten. Vor dem Servieren über die Suppe geben.

# Rote-Bete-Suppe

## Zutaten:
375 g Rote Bete
1/4 l gekörnte Fleischbrühe
2–3 EL Essig
Salz, Pfeffer, Majoran
3 EL Crème fraîche oder Schmand

Die Rote-Beete-Rüben schälen, waschen und in kleine Würfel schneiden. Die Fleischbrühe zum Kochen bringen, die gewürfelten Rüben hinzufügen und ca. 20 Minuten garen lassen, sodann mit dem Mixer pürieren und mit dem Essig, Salz, Pfeffer und Majoran abschmecken. Nochmals erhitzen und die Crème fraîche unterrühren.

# Pürierte Erbsensuppe

Zutaten:

50 g durchwachsener Speck

1 Zwiebel

1 Bd. Petersilie

300 g frische oder tiefgekühlte Erbsen

1/4 l Wasser

1/2 TL Speisewürze

1 EL Butter

Salz, Pfeffer

Den Speck in dünne Scheiben schneiden und in der Butter auslassen. Dann die Zwiebel schälen und die Petersilie waschen. Die Erbsen mit der Zwiebel, der Petersilie und 1/4 l Wasser zu dem Speck geben, zum Kochen bringen und ca. 10 Minuten garen. Zwiebel und Speck herausnehmen und die Erbsen mit einem Mixer pürieren. Den Brei mit ca. 1/4 Liter Wasser auffüllen, 1/2 TL Speisewürze beifügen, erhitzen und den Speck unterrühren. Mit Salz und Pfeffer würzen.

# Möhreneintopf

Zutaten:

400 g Schweinekamm

Salz

1 kg Möhren

5 Kartoffeln

Suppenwürze

1 EL Mehl

1 EL Butter

Petersilie

**23**

Das Fleisch mit etwas Salz gar kochen, aus der Brühe nehmen und kleinschneiden. Brühe durch ein Sieb gießen und weiterkochen lassen. Die gewürfelten Mohrrüben dazugeben. Kartoffeln schälen, würfeln und separat halb gar kochen, zu der Suppe geben und mit den Möhren fertig kochen. Mit Suppenwürze abschmecken. Mit Einbrenne binden: in der Pfanne Butter auslassen, Mehl unterrühren und alles schön hellgelb anschwitzen. Sofort umrühren! Mit gehackter Petersilie bestreuen.

# Kohlrübeneintopf

**Zutaten:**

250 g Schweinefleisch

250 g Kasseler

750 g Kohlrüben

500 g Kartoffeln

2 Zwiebeln

1 Lorbeerblatt

5 Gewürzkörner (Piment)

1 TL Majoran

etwas Mehl

Salz und Kümmel

1 EL gehackte Petersilie

Fleisch in 1 1/2 Liter Wasser unter Zugabe von Lorbeerblatt, Gewürzkörnern und geviertelten Zwiebeln gar kochen, dann die Brühe durch ein Sieb gießen. Geschälte Kohlrüben und Kartoffeln in kleine Würfel schneiden, in der Brühe gar kochen, das kleingeschnittene Fleisch dazugeben und mit den übrigen Gewürzen abschmecken. Mehl in etwas kaltem Wasser anrühren, an den Eintopf geben und diesen zum Schluß mit Petersilie bestreuen.

## Trick 17 mit Selbstüberlistung

Als unsere Jungens ihre Mäkelphase beim Essen überwunden hatten, mutierten sie, etwa mit dem Eintritt in die Pubertät, zu regelrechten »Allesfressern«. Ihr Leibgericht aber war und blieb Szegediner Gulasch, von dem ich – im Wissen um ihren guten Appetit – immer schon etwas mehr kochte.

Einmal, als mein Mann und ich für zwei Tage in Urlaub gefahren waren, gab es einen ernsten Konflikt um die Riesenportion Gulasch, die ich ihnen vorsorglich gekocht hatte. Im ersten Anlauf konnten selbst meine »Riesenbabys« den Topf nicht leeressen – aber sofort nach der ersten Mahlzeit setzte bei beiden die brennende Sorge ein, der jeweils andere könne das Sättigungsgefühl zuerst überwinden und sich heimlich am – immer noch ansehnlichen – Rest im Topf vergreifen.

Der Erstgeborene unserer Zwillinge, der in brenzligen Situationen immer die vier Minuten ausspielte, die ihn zum Älteren machten, hielt sich für besonders schlau. Er schlich sich des Nachts unbemerkt in die Küche, verschlang gierig eine große Portion des köstlichen, aufgewärmten Gulaschs – und als der andere, durch den Geruch angelockt, ebenfalls hereinkam, fand er unter dem Topf einen Zettel seines Bruders, der gar nicht zum Teilen bereit war: »Achtung! Ich habe hineingespuckt!«

Im Streit räumten beide die Küche und zogen sich in ihre Zimmer zurück. Am folgenden Tag schlich der Ältere erneut in die Küche, um seinen Hunger zu stillen – und mußte unter seinen eigenen Zeilen nun die hingekritzelte Botschaft lesen: »Ich auch!« Ergebnis: Der Topf mit dem wunderbaren Gulasch wurde nicht mehr angerührt und stand bei unserer Rückkehr noch mehr als halbvoll auf dem Herd. Wir wunderten uns doch sehr, daß die zwei Immerhungrigen plötzlich das Essen verschmäht hatten. Da mein Mann aber von der Reise einen Bärenhunger hatte, war er's zufrieden und setzte sich sogleich an den Küchentisch, um genüßlich das

Gulasch zu verspeisen. Da kamen unsere Zwillinge zur Türe rein – und prusteten wie wild los, als sie ihren Vater essen sahen. Zur Rede gestellt, erzählten sie von ihren Spuckereien und beklagten sich dabei auch noch, Hunger gelitten zu haben. Mein Mann ließ die Gabel wortlos fallen und machte sich daran, den beiden in großväterlicher Manier den Hintern zu versohlen. Erst jetzt schworen unsere Söhne, es sei doch nur ein Scherz gewesen und keiner der beiden habe je wirklich das gute Gulasch verdorben. Daraufhin griff mein Mann erleichtert wieder zur Gabel – und meinte, dieses Kinder-Theater verdiene trotz allem eine Strafe: »Wenn zwei sich streiten, dann freut sich der Dritte!«, meinte er schmunzelnd und begann, sich das wohlduftende Gericht unter den stechenden Blicken der hungrigen Buben schmecken zu lassen.

Seit diesem Tag gab es in unserer Küche nie mehr Streit ums Essen.

# Gebratene Heringe in Berliner Weiße

## Zutaten:

4 grüne Heringe

300 ml Milch

Semmelbrösel

30 g Margarine

1/2 Flasche Berliner Weiße

Salz, Zucker

Die Heringe säubern, ausnehmen und unter fließendem Wasser abspülen. 30 Minuten in die Milch einlegen und danach filetieren. Die Filets in Semmelbrösel wenden und in der Margarine goldgelb braten. Zum Schluß werden die Filets mit dem Weißbier übergossen und mit Salz und Zucker abgeschmeckt.

# Matjesheringstopf

## Zutaten:

2 Packungen Matjesfilets

6 kleine Zwiebeln

2 Äpfel

1 Glas kleine Gurken

1/2 l saure Sahne

1/4 l Buttermilch

1 EL Öl

Senfkörner

Gewürzkörner (Piment)

2 Lorbeerblätter

Zucker

Heringe in kleine Stücke zerlegen, Zwiebeln in Ringe, Äpfel (ohne Schale und Kerngehäuse) und Gurken in Würfel schneiden. Aus saurer Sahne, Buttermilch, dem Öl und dem Gurkenwasser eine Soße zubereiten, die Gewürze und den Hering hinzufügen. Mit Zucker abschmecken und mehrere Stunden kalt stellen und zugedeckt ziehen lassen.

## Eingelegte Bratheringe

**Zutaten:**
8 grüne Heringe
Salz
150 g Mehl
2 EL Öl
2 Zwiebeln
Zucker
1 Lorbeerblatt
3 Pfefferkörner
1 Gewürzkorn (Piment)
1/2 l Essig

Die gründlich gesäuberten, gewaschenen und von Kopf und Eingeweide befreiten Heringe abtrocknen, salzen, in Mehl wenden und im heißen Öl auf beiden Seiten goldgelb braten. Inzwischen die in dünne Scheiben geschnittenen Zwiebeln und alle übrigen Zutaten in 1/4 l Wasser aufkochen, mit Essig kräftig abschmecken und über die warmen Heringe gießen. Zugedeckt einen Tag ziehen lassen.

# Heringshäckerle

## Zutaten:

4 Salzheringe oder Matjes
2 saure Gurken
2 hartgekochte Eier
1 Zwiebel
2 Äpfel
3 EL Öl
1 EL Senf

Die Heringe säubern, in sehr kleine Stücke schneiden und mit den übrigen Zutaten, die ebenfalls zerkleinert wurden, vermengen. Zum Schluß mit Öl und Senf abschmecken. Vor dem Auftragen zugedeckt ziehen lassen.

# Rollmöpse

## Zutaten:

4 Salzheringe
2 Zwiebeln
1 saure Gurke
Pfeffer
Senf
1/4 l Weinessig
1 EL Senfkörner
1 Lorbeerblatt

Gewässerte Heringe säubern und filetieren. Zwiebeln schälen und in kleine Ringe schneiden. Gurke in Scheiben schneiden. Die Filets auf den Innenseiten mit Pfeffer bestreuen, mit Senf bestreichen und mit Gurkenscheiben und Zwiebelringen belegen. Heringe fest zusammenrollen und mit kleinen, spitzen Hölzchen fest zusammenstecken. Die Rollmöpse in ein verschließbares Gefäß schichten, mit einer Marinade aus Essig, Senfkörnern und Lorbeerblatt begießen, so daß sie völlig bedeckt sind, und mehrere Stunden ziehen lassen.

# Ofenheringe

*Zutaten:*
6 küchenfertige grüne Heringe
Salz, Pfeffer
Butter
6 EL Weißwein
3 EL Crème fraîche
3 EL Semmelmehl
2 EL gehackte Petersilie
Paprika edelsüß
Butter

Die Heringe unter fließend kaltem Wasser abspülen, trockentupfen, innen und außen mit Salz und Pfeffer würzen.

Eine Auflaufform einfetten, den Weißwein hineingeben und die Heringe nebeneinander hineinschichten. Dann Crème fraîche verteilen. Das Semmelmehl mit der gehackten Petersilie und Paprika verrühren und über die Heringe geben. Zum Schluß Butterflöckchen verteilen. Backofen kurz vorheizen und alles bei ca. 220° C im Ofen 25 Minuten backen.

Dazu schmecken Petersilienkartoffeln und Tomatensalat ganz besonders gut.

# Kabeljau in Knoblauchsoße

## Zutaten:

1 Packung (400 g) tiefgekühlter Kabeljau
2 EL Zitronensaft
1 Zwiebel
3 Knoblauchzehen
3 EL Olivenöl
250 g Tomaten
2 EL Petersilie (gehackt)
1 EL Oregano
Salz, Zucker

Aufgetauten Kabeljau mit Zitrone beträufeln und ein paar Minuten ziehen lassen. In der Zwischenzeit die Soße zubereiten: Die Zwiebel und den Knoblauch schälen und in feine Würfeln schneiden oder hacken. Olivenöl erhitzen, Knoblauch und Zwiebeln darin andünsten. Tomaten kurz in kochendes Wasser legen, abschrecken, enthäuten, in kleine Würfel schneiden und mit Petersilie und Oregano zu den anderen Zutaten geben. Den Fisch in eine Auflaufform schichten und die Soße darüber verteilen. Bei 200° C ca. 25 Minuten im vorgeheizten Backofen garen. Zum Schluß mit Salz und Zucker abschmecken.

Lieben Sie **spannende** Stories, **anspruchsvolle** Literatur, **unterhaltsame** Sachbücher und **durchschlagenden** Humor?

*Dann sollten Sie mit dieser Karte unser*
**aktuelles Programmverzeichnis anfordern.**

Den Prospekt schicken wir Ihnen gern kostenlos. Diese Karte einfach lesbar mit Ihrem Absender versehen, frankieren und zur Post geben.
Anforderung per Fax unter
069/25 60 03-30

Er gibt Auskunft über die Bücher aus dem **Verlag mit der Fliege**, der zu den wenigen konzernunabhängigen Publikumsverlagen zählt.
Sie finden darin **Belletristik, Sachbücher, Ratgeber, Cartoons** ebenso wie **Hörbücher** und **Geschenkartikel**.

*Besuchen Sie uns im Internet: www.eichborn.de*

# Ja,

ich möchte
das *Eichborn-Verzeichnis*
gern haben.

Meine Anschrift

Name, Vorname

Straße, Nr.

PLZ, Ort

Unser Lieblingsbuch.

» *... eine Blitztour durch
Geschichte und Literatur,
Kunst und Weltbilder ...*«
Der Spiegel

Dietrich Schwanitz
**Bildung**
Alles, was man wissen muß
544 Seiten, gebunden
**26,90** (D) · sFr 46,–
ISBN 3-8218-0818-7

Eichborn AG
Kaiserstraße 66

60329 Frankfurt am Main

# Aal in Dillsoße

### Zutaten:

750 g küchenfertiger Aal
2 EL Zitronensaft
Salz
15 g Mehl
25 g Margarine
125 ml Milch
125 ml Schlagsahne
4 EL Kräuteressig
3 EL Dill (gehackt)
Salz, Zucker

Aal unter fließendem Wasser abspülen, trockentupfen, mit Zitrone beträufeln und einige Minuten stehenlassen, dann mit Salz abreiben.

Für die Soße eine Einbrenne aus der Margarine und dem Mehl zubereiten, die Milch und die Sahne aufgießen und unter ständigem Rühren aufkochen lassen. Die Soße mit Kräuteressig, Salz, Zucker und dem Dill abschmecken. Den in Stücke (ca. 4 cm) geschnittenen Aal in die Soße geben und mit wenig Hitze einige Minuten dünsten lassen, bis er gar ist.

33

# Karpfen blau

blaue Farbe. Mit zerlassener Butter und Petersilienkartoffeln servieren. Je nach Bedarf Zitrone dazu reichen.

**Zutaten:**

1 kg Karpfen
Salz
1 Zwiebel
1 Mohrrübe
2 Lorbeerblätter
2 Pfefferkörner
2 Gewürzkörner (Piment)
Essig
100 g Butter
1 Zitrone

Karpfen vorsichtig reinigen (nicht schuppen, damit die Schleimhaut unverletzt bleibt!). Innen salzen, vorsichtig in einen flachen Topf legen. Die Zwiebel kleinhacken, die Mohrrübe würfeln, zusammen mit dem Gewürzen dazugeben und mit kräftig kochendem Essigwasser übergießen, auf kleiner Flamme 20 Minuten gar ziehen lassen. Der Karpfen bekommt so eine

# Zander mit Meerrettich

**Zutaten:**

800 g Zander
Salz
1/2 Zitrone
1/2 l Gemüsebrühe
2 El geriebener Meerrettich
100 g Butter
Petersilie

Zander säubern und waschen. In Portionsstücke schneiden, salzen, mit Zitronensaft beträufeln, dann in die kochende Gemüsebrühe geben und auf kleiner Flamme gar ziehen lassen. Fischstücke auf einer vorgewärmten Platte anrichten, mit Meerrettich bestreuen und mit der heißen zerlassenen Butter begießen. Mit Petersilie garnieren.

## Seelachsfilet mit Senfbutter

35

*Zutaten:*

1 1/2 kg Seelachsfilet (aus der Tiefkühltruhe)

1 l Wasser

4 EL Essig

Salz

1 Zwiebel

2 Lorbeerblätter

5 Pimentkörner

150 g Butter

50 g Senf

1 Zitrone

Seelachs auftauen lassen, unter fließendem Wasser abspülen und trockentupfen. Etwa 1 Liter Wasser mit Essig, Salz, Zwiebel und den Gewürzen aufkochen und dann die Filets hineingeben. Auf kleiner Flamme zehn Minuten garen. In einem anderen Gefäß die Butter auslassen und bei Bräunungsbeginn den Senf unterrühren. Den Seelachs mit Salzkartoffeln servieren und die heiße Senfbutter über die Fischstücke gießen. Grüner Salat ist eine geeignete Beilage. Je nach Bedarf Zitrone dazu reichen.

# Fischpfanne

**Zutaten:**
800 g Fischfilet
Salz
Zitronensaft
100 g Margarine
1 TL Kümmel
250 g Hackepeter
2 EL Tomatenmark
2 EL Sahne
1 Zwiebel

Fischfilet in Streifen schneiden, salzen, mit Zitronensaft beträufeln und zusammen mit dem Kümmel in die zerlassene Margarine geben. In einer Pfanne Hackepeter in groben Flocken anbraten, den Fisch dazugeben und alles auf kleiner Flamme zugedeckt dünsten. Tomatenmark, Sahne und geriebene Zwiebel verrühren und über den Fisch gießen. Vor dem Auftragen nur noch einmal kurz erhitzen und mit Kartoffelpüree oder Reis servieren.

# Fisch in Estragon

## Zutaten:

1 kg Süßwasserfisch
1 Bund Suppengrün
Salz
2 Gläser Weißwein
80 g Butter
40 g Mehl
Salz, Estragon
1 Eigelb
1/2 Tasse süße Sahne
Zitronensaft

Fisch säubern und schuppen, in Portionsstücke schneiden. Diese auf das Suppengrün in eine flache Kasserolle legen, leicht salzen, mit Wasser und Wein im Verhältnis 1:1 bedecken und auf kleiner Flamme garen lassen. Fischstücke herausnehmen, Suppengrün entfernen, Brühe durch ein Sieb gießen und mit heller Mehlschwitze binden. Noch etwas Salz, frischen, gehackten Estragon, Eigelb und die süße Sahne dazugeben und mit Zitronensaft abschmecken. Den Fisch in die heiße Sauce geben und etwas darin ziehen lassen. Mit Salzkartoffeln servieren.

# Makrele in Alufolie

## Zutaten:

750 g Makrele (im Ganzen ohne Gräten und
Abfall)
30 g Butter
Salz
1 Zitrone
Petersilie
Dill
Zitronenmelisse
Salbei

Ein großes Stück Alufolie abschneiden (doppelt so groß wie der Fisch). Die Folie mit ein wenig Fett bestreichen. Die Fische säubern, abtrocknen und in die Mitte der Folie legen. Salzen und mit Zitronensaft beträufeln. Kräuter hacken und über den Fisch streuen. Die Folie von allen Seiten an den Fisch andrücken und bei mittlerer Hitze im Ofen ca. 40 Minuten garen.

Man kann auch geschnittene und gedünstete Champignons oder feine Speckstreifen verwenden.

# Zander, gebacken

## Zutaten:

1 kg Zander
Salz, Pfeffer
2 Lorbeerblätter
4 Kartoffeln
1 Becher süße Sahne
2 Eier
Butter
Reibekäse
2 EL Mehl
Salz, Pfeffer

Den Fisch in Portionen teilen, salzen, pfeffern und mit den Lorbeerblättern ca. 8 Minuten kochen. Den Fisch in eine Kasserolle legen und ringsherum die geschälten und in sehr dünne Scheiben geschnittenen Kartoffeln legen. Die süße Sahne mit 2 Eigelb, der flüssigen Butter, Reibekäse, Mehl, Salz und Pfeffer verquirlen und mit dem Kochwasser vom Fisch aufgießen. Alles über den Fisch gießen und für etwa 15 Minuten in die Backröhre schieben.

Dazu Gurkensalat oder Kopfsalat reichen.

39

# Scholle mit Speck

*Zutaten:*
4 küchenfertige Schollen
Mehl zum Wenden
200 g fetter Speck
Salz, Pfeffer
1 Zitrone
Petersilie

Fische waschen, mit Küchenkrepp abtupfen und in Mehl wenden. Den Speck fein würfeln und in einer Pfanne knusprig auslassen. Den Speck aus der Pfanne nehmen und die Schollen in dem Fett braten. Kurz bevor sie gar sind salzen und pfeffern. Die Pfanne öfters schwenken, damit die Fische nicht festkleben. Fertige Schollen auf einer Platte anrichten. Die Speckwürfel wieder in die Pfanne geben, kurz erhitzen und über die Fische geben. Mit Zitronenscheiben und Petersilie garnieren.

Herzhafte
Fleischgerichte

# Rinderschmorbraten

**Zutaten:**
600 g Rindfleisch
Salz, Pfeffer
30 g Butterschmalz
2 Zwiebeln
1 Knoblauchzehe
1 EL Tomatenmark
1 EL Butter
1/2 l Rotwein
1/4 l Sahne
Salz, Pfeffer

Fleisch waschen, trockentupfen und mit Salz und Pfeffer einreiben. In dem heißen Fett erhitzen und von allen Seiten anbraten. Zwiebeln und Knoblauch fein hacken, mit dem Tomatenmark in dem Bratensud andünsten und mit Rotwein ablöschen. Fleisch ca. 1 1/2 Stunden schmoren lassen.

Fleisch aus dem Brattopf nehmen und ruhen lassen. Inzwischen den Fleischfond durch ein Sieb streichen und anschließend mit der Sahne einkochen lassen. Mit Salz und Pfeffer abschmecken. Fleisch vor dem Servieren in Scheiben schneiden und nochmals kurz in die warme Soße legen.

# Fränkischer Krautbraten

## Zutaten:

1 großer Weißkohl

2 Zwiebeln

50 g Schmalz

etwas Wasser

2 Lorbeerblätter

2 Nelken

Fett für die Form

Salz, Pfeffer

250 g Hackfleisch

1 Becher saure Sahne

50 g Speck, in Scheiben geschnitten

Die äußeren Weißkohlblätter abtrennen und im kochenden Wasser blanchieren, zur Seite legen und abkühlen lassen.

Den restlichen Weißkohl in Streifen, die Zwiebeln in Würfel schneiden und zusammen im Schmalz andünsten. Dann das Wasser und die Gewürze dazugeben. Alles durchgaren lassen. Eine feuerfeste Form mit etwas Fett ausstreichen und mit den abgekühlten Weißkohlblättern auslegen. Das mit Salz und Pfeffer gewürzte und kurz angebratene Hackfleisch sowie die Weißkohl-Zwiebel-Mischung in der ausgelegten Form verteilen. Mit den restlichen Weißkohlblättern abdecken. Die saure Sahne darüber verteilen und mit Speckstreifen belegen. Danach im Backofen bei ca. 200° C 60 Minuten backen.

43

# Dicke Bohnen mit Kasseler

## Zutaten:
250 g durchwachsenes Kasseler
3 Zwiebeln
30 g Butter
30 g Mehl
1/4 l gekörnte Brühe
1 Glas dicke Bohnen
1/4 l Milch
Salz, Pfeffer
1 Bund Petersilie

Kasseler und Zwiebeln würfeln und in der Pfanne mit der Butter anbraten. Mehl überstäuben und mit Brühe ablöschen. Die Milch hinzufügen. Die Bohnen gut abspülen, abtropfen lassen und zu den anderen Zutaten zugeben. Alles einmal aufkochen lassen und mit Salz und Pfeffer abschmecken. Kurz vor dem Servieren die gehackte Petersilie unterrühren.

# Gebackenes Zwiebelfleisch

## Zutaten:
etwa 50 g Butter
4 Scheiben Schweinekamm
1 große Büchse Champignons
6 Zwiebeln
1 Tüte Zwiebelsauce
1 Becher Schlagsahne

Eine große Auflaufform einfetten. Schweinekamm hineinlegen und darüber die Pilze verteilen. Zwiebeln schälen und in Ringe schneiden. Zwiebelringe über das Fleisch verteilen. Zwiebelsauce nach Anleitung herstellen und mit der Schlagsahne verrühren. Die Masse über dem Fleisch verteilen und bei 180°C 60 Minuten in der Röhre schmoren lassen.

# Sauerkrautgulasch

Zutaten:
600 g Schweinegulasch
300 g Zwiebeln
100 g geräucherter Speck
30 g Fett
Kümmel
Salz
1/4 l gekörnte Brühe
50 g Sauerkraut
Paprika
1 Becher saure Sahne
Salz

Das gewaschene Fleisch in sehr kleine Würfel schneiden. Zwiebeln und Speck würfeln und in einem Topf im Fett goldgelb dünsten. Fleisch und Kümmel dazugeben, mit Salz abschmecken und alles unter ständigem Rühren braun anbraten. Dann die Fleischbrühe auffüllen und ca. 20 Minuten schmoren lassen. Das Sauerkraut in den Topf geben und alles weitere 30 Minuten kochen lassen. Mit Paprika abschmecken und zum Schluß die saure Sahne hinzufügen. Alles nochmals gut umrühren und mit Salz abschmecken.

45

# Labskaus

*Zutaten:*

700 g Corned beef

4 große Zwiebeln

100 g Schweineschmalz

1 kg gekochte Salzkartoffeln

6 EL Flüssigkeit von Essiggurken

Salz

Muskatnuß

46

Das Corned beef und die Zwiebeln durch den Fleischwolf drehen. Das Schweineschmalz erhitzen und das Fleisch unter Rühren 5 Minuten darin erhitzen.

Die gekochten Kartoffeln noch heiß durch eine Presse geben, mit der Gurkenflüssigkeit unter Rühren durchkochen lassen. Alles vermengen.

Das fertige Labskaus mit Salz und geriebener Muskatnuß abschmecken.

Dazu passen Spiegelei, Essiggurken oder Rote Bete.

# Sauerbraten

### Zutaten:

**Für die Beize:**

1 l Wasser

1 Bund Suppengrün

1 Zwiebel

2 Lorbeerblätter

10 Pfefferkörner

4 Pimentkörner

8 EL Essig

**Für den Schmorbraten:**

1 kg schieres Rindfleisch

Salz, Pfeffer

20 g Mehl

40 g Fett

Suppengrün

1 Zwiebel

1 Lorbeerblatt

5 Pimentkörner

etwas Soßenbinder

Suppengrün putzen und waschen, Zwiebel schälen, zusammen mit den anderen Zutaten für die Beize 10 Minuten kochen lassen und abgekühlt über das Fleisch gießen. An einem kalten Ort ca. 3 Tage stehenlassen.

Das Fleisch aus der Beize nehmen, gut abtupfen und mit Salz und Pfeffer würzen, in Mehl wenden und im heißen Fett von allen Seiten anbraten. Kleingeschnittenes Suppengrün, geviertelte Zwiebel, Gewürze und ca. 1/4 Liter von der Beize dazugeben und alles zugedeckt unter häufigem Wenden ca. 2 Stunden schmoren lassen. Dann die Soße passieren und eventuell mit etwas Soßenbinder andicken.

# Orangenkasseler in Meerrettichsoße

*Zutaten:*
*500 g säuerliche Äpfel*
*50 g Zucker*
*1/8 l Weißwein*
*abgeriebene Schale und Saft einer Apfelsine (ungespritzt)*
*4 EL Sahnemeerrettich*
*1 kg Kasseler ohne Knochen*
*8 Nelken*
*etwas Wasser*
*2 Zwiebeln*

Äpfel schälen, vierteln, entkernen, in Stücke schneiden, mit Zucker in dem Weißwein dünsten lassen. Die garen Äpfel durch ein Sieb streichen. Schale und Saft der Apfelsine unterrühren, erkalten lassen. Vor dem Servieren der Soße den Meerrettich unterrühren.

Das Fleisch waschen und abtrocknen, mit den Nelken spicken und in einen Bratentopf geben. So viel Wasser zugeben, daß der Boden gerade bedeckt ist. Die geviertelten Zwiebeln hinzufügen und den Bratentopf auf dem Rost in den vorgeheizten Backofen schieben. Sobald der Bratensatz zu bräunen beginnt, wird die verdampfte Flüssigkeit nach und nach mit heißem Wasser ersetzt und das Fleisch ab und zu gewendet. Die Garzeit beträgt ca. 50 Minuten bei 230°C. Das gare Fleisch herausnehmen, kurze Zeit abgedeckt stehenlassen, in Scheiben schneiden und auf einer vorgewärmten Platte anrichten. Die Soße nochmals kurz erwärmen (nicht kochen) und zum Fleisch reichen.

# Schmorkohl

## Wiener Schnitzel

### Zutaten:

ein altbackenes Brötchen
Zwiebel
1 EL Senf
1 kg Mett halb und halb
Salz, Pfeffer, Knoblauch
1 mittlerer Weißkohl
125 g Butter

### Zutaten:

4 Kalbsschnitzel
Salz, Pfeffer
Mehl
1 Ei
Semmelbrösel
Backfett
1 Zitrone

Brötchen in Wasser einweichen und gut ausdrücken. Zwiebel schälen und würfeln. Aus Brötchen, Zwiebelwürfeln Senf und dem Mett einen Teig herstellen und mit Salz, Pfeffer und Knoblauch würzen.

Kohl in Streifen schneiden und in eine gefettete Auflaufform oder Pfanne abwechselnd Kohl und Mett schichten, dabei mit Kohl anfangen und enden. Als Abschluß Butterflocken darauf geben und mit Alufolie abdecken. Im Backofen ca. 60 Minuten bei 180° C garen

Schnitzel vorsichtig klopfen, beiderseits salzen und pfeffern, in Mehl wenden, dann durch verquirltes Ei ziehen und in Semmelmehl panieren. Die Schnitzel in der Pfanne in heißem Fett von beiden Seiten goldbraun backen. Vor dem Servieren mit Zitronenscheiben belegen.

# Gespickter Schweinebraten

### Zutaten:

1 kg Schweinenacken oder -kamm
6 Knoblauchzehen
Thymian, Oregano, Rosmarin, Pfeffer
4 EL Öl
2 Zwiebeln
2 Möhren
500-600 ml Weißwein (trocken)
125 g Schmand
Salz, Pfeffer

Den Braten mit den Knoblauchzehen und den Kräutern spicken. (Mit Messer in das Fleisch stechen und dahinein die Knoblauchstifte und die Kräuter schieben.)

Im Bräter den Braten in Öl von allen Seiten schön braun anbraten. Grob geschnittene Zwiebeln und Möhren darin rösten. Mit Weißwein auffüllen und mit Deckel im Ofen bei etwa 200° C ca. 60 Minuten garen lassen.

Ist der Braten gar, Fleisch herausnehmen und in Alufolie eingewickelt 10-15 min ruhen lassen (dies ist wichtig, da sonst der Bratensaft herausläuft).

Schmand in den Sud einrühren und eventuell zusätzlich die Soße mit Bindemittel andicken. Mit Salz und Pfeffer würzen.

# Schweinefilet in Weißweinsoße

## Zutaten:

600 g Schweinefilet
4 EL Öl
Salz, Pfeffer
125 g Champignons
2 Zwiebeln
1/8 l Weißwein
1/8 l Sahne
1-2 TL Bratensoße
1 EL Senf
Pfeffer
Schnittlauch

Fleisch in Streifen schneiden und in heißem Öl scharf anbraten, salzen und pfeffern, in einem Sieb abtropfen lassen. Champignonscheiben und Zwiebelwürfel anbraten, mit Wein und Sahne ablöschen und mit 1-2 TL Bratensoße binden. Mit Senf und Pfeffer abschmecken, Fleisch zugeben, erhitzen, aber nicht mehr kochen. Mit Schnittlauch garnieren.

Dazu passen sehr gut Nudeln oder Spätzle.

# Gebratene Schweineleber

## Zutaten:

4 Scheiben Schweineleber

Pfeffer, Salz

Mehl

Öl

1 große Zwiebel pro Person

2 Äpfel

Butter

Leber kurz unter Wasser abspülen, trockentupfen, salzen und pfeffern, dann in Mehl wälzen; dadurch bleibt sie schön saftig. In heißem Fett in einer Pfanne von jeder Seite ca. 4 Minuten anbraten. Zwischendurch Zwiebeln schälen und in Ringe schneiden. Äpfel putzen und in Stifte schneiden. Alles in Butter goldgelb dünsten. Gedünstete Zwiebel- und Apfelstücke über die fertige Leber anrichten.

Dazu serviert man selbstgemachten Kartoffelbrei.

# Kasseler nach Ritterart

## Zutaten:

1,5 kg Kasselerkamm

Honig (nach Bedarf)

Mandelsplitter (nach Bedarf)

Kasseler mit Honig bestreichen und mit Mandelsplittern bestreuen. In Alufolie wickeln und im Ofen bei 200° C im eigenen Saft 2 Stunden schmoren lassen. Dazu selbstgemachten Kartoffelsalat reichen.

# Frikadellen

## Zutaten:

1 altbackenes Brötchen
2 Zwiebeln
1 kg Hackfleisch
1 Ei
1 EL Senf
Salz, Pfeffer, Paprika
Paniermehl
2 EL Öl

Das Brötchen in lauwarmem Wasser einweichen und ausdrücken.

Zwiebeln schälen und würfeln. Hackfleisch mit Zwiebelwürfeln und Brötchenmasse in eine Schüssel geben, Ei hinzufügen, Senf dazugeben, alles zusammen gut durchkneten und mit Salz, Pfeffer und Paprika würzen. Aus dem Teig Frikadellen formen und in Paniermehl wenden. Öl in einer Pfanne erhitzen und die Frikadellen bei mittlerer Hitze auf beiden Seiten etwa 5 Minuten braten.

Frikadellen schmecken auch kalt sehr gut.

# Schweinebraten mit Brotkruste

## Zutaten:

1 1/2 kg Schweinefleisch
Salz, Pfeffer
3 EL Öl
3 Zwiebeln
3 Möhren
75 g geriebenes Schwarzbrot
1/2 TL Zucker
1 Eiweiß
Nelken (gemahlen)
1 EL Mehl
Salz, Pfeffer

Das Fleisch mit Salz und Pfeffer würzen. Öl in einem Bratentopf erhitzen und das Fleisch von allen Seiten anbraten. Die Zwiebeln schälen und vierteln, Mohrrüben in Stifte schneiden und alles zu dem Fleisch geben und andünsten. Den Bratentopf in den vorgeheizten Backofen schieben. Sobald der Bratensatz zu bräunen beginnt, verdampfte Flüssigkeit nach und nach ersetzen und das Fleisch öfters wenden. Die Bratzeit beträgt etwa 90 Minuten. 15 Minuten vor Ende der Bratzeit Schwarzbrot, Zucker, Eiweiß und die gemahlenen Nelken verrühren, auf das Fleisch streichen und etwas andrücken. Nochmals in den Ofen schieben. Den garen Braten herausnehmen und abgedeckt warm stellen. Für die Sauce den Bratensatz loskochen und durch ein Sieb gießen. Das Mehl mit etwas kaltem Wasser vermengen, unter die Flüssigkeit rühren, ca. 5 Minuten kochen lassen und mit Salz und Pfeffer abschmecken.

# Geschnetzeltes Kalbfleisch

**Zutaten:**

750 g Kalbfleisch

3 EL Butter

1 Zwiebel

Mehl

1/4 l trockener Weißwein

1 Becher Schmand

Salz, Pfeffer

Zitronensaft

Petersilie

Das Kalbfleisch waschen und in kleine, dünne Stücke schneiden. Butter in einer Pfanne erhitzen und die Kalbfleischstückchen bei starker Hitze ganz kurz anbraten. Bevor das Fleisch saftet, nimmt man es aus der Pfanne und stellt es warm. Die Zwiebel fein würfeln in den Bratensaft geben, leicht anschwitzen. Den Ansatz mit Mehl binden und mit dem Weißwein ablöschen. Etwas einkochen lassen und einen Becher Schmand einrühren. Einkochen lassen und mit Salz, Pfeffer und einigen Spritzern Zitronensaft abschmecken. Fleisch hineingeben, aber auf keinen Fall mehr kochen, mit Petersilie bestreuen und gleich servieren.

# Hackbraten

## Zutaten:

750 g Gehacktes
1 Ei
2 Brötchen
Zwiebel
Salz, Pfeffer, Knoblauch, 1 Lorbeerblatt
Margarine
1 Möhre, Sellerie, Porree
etwas Wasser
125 ml saure Sahne

Das Gehackte mit dem Ei, den eingeweichten und ausgedrückten Semmeln, der feingewürfelten Zwiebel und den Gewürzen durchkneten und zu einem großen Kloß formen. Im heißen Fett (kann Margarine sein) ringsherum kräftig anbraten. Während des Anbratens das gewürfelte Gemüse zugeben und mitbraten. Kurz vor Ende der Garzeit mit Wasser und saurer Sahne ablöschen und unter mehrmaligem Übergießen mit dem Bratensaft weiterköcheln. Den Hackbraten entnehmen, den Bratensud durch ein Sieb streichen, abschmecken und andicken. Den Braten wieder in die Soße geben und noch einmal kurz aufkochen und etwas ziehen lassen.

# Kotelett in Biersoße

Fleisch mit den Gewürzen einreiben. Zwiebeln schälen und vierteln. In einem Bratentopf das Öl stark erhitzen und das Fleisch darin ringsum anbraten. Zwiebeln und etwas Bier hinzugeben und weiter anbraten bis die Zwiebeln auch gebräunt sind. Dann zugedeckt bei wenig Hitze ca. 70 Minuten schmoren. Zwischendurch immer etwas Bier nachgießen und das Fleisch mit dem Bratensaft beschöpfen. Wenn das Fleisch gar ist den Braten aus dem Topf nehmen, Sahne und Speisestärke verrühren, unter den Fond geben und alles nochmals aufkochen lasse. Eventuell nachwürzen!

# Eisbein

## Zutaten:

3 l Wasser
Salz
4 Eisbeine
3 Zwiebeln
3 Lorbeerblätter
5 Pimentkörner
5 Pfefferkörner
4 Wacholderbeeren
4 Gewürznelken
1 Bund Suppengrün
Zucker

Das Wasser zum Kochen bringen, leicht salzen und die Eisbeine darin mit den Zwiebeln, Lorbeerblättern, Piment- und Pfefferkörnern, den Wacholderbeeren und Gewürznelken sowie dem kleingeschnittenen Suppengrün und einer Prise Zucker ca. 90 Minuten zugedeckt garen. Nach Ende der Garzeit das Eisbein aus der Brühe nehmen und zusammen mit Kartoffeln, Sauerkraut und Erbspüree servieren. Senf dazureichen.

## Wissenswertes zum »Eisbein«

Eisbein ist ein typisches Berliner Gericht, das man mittlerweile aber auch auf den Speisekarten anderer Regionen ausmacht. Es gibt viele Varianten: gekochtes, gebratenes oder gebackenes Eisbein. Das echte »Berliner Eisbein« aber ist gepökelt und wird mit verschiedenen Gewürzen gekocht. Serviert wird es meist mit Sauerkraut und Erbspüree. Will man, daß das Fleisch eine besonders schöne rosa Farbe bekommt, muß man mit einer Prise Zucker als Kochzusatz nachhelfen.

Historisch verbürgt ist die Aussage, daß ein Berliner Gastwirt, bei dem viele Besucher vom Lande verkehrten, seinen Gästen als erster das gepökelte Eisbein servierte. Es wird vermutet, daß ein Bauer ihm das Rezept überließ, denn als es noch keine Kühlgeräte gab, wurde sehr viel Schlachtfleisch gepökelt, um es länger aufbewahren zu können.

Älter als das Gericht selbst ist jedoch sein Name. Zu Zeiten, als man mit der Verarbeitung von Metall noch nicht weit fortgeschritten war, verwendete man das Kniebein des Schweins, welches der kräftigste Schweineknochen ist, um daraus seinen Kindern Schlittschuhe zu schnitzen. So entstand der Name »Eisbein«.

# Geschmorte Lammkeule

60

## Zutaten:

**Für die Marinade:**

3 Zwiebeln

3 Knoblauchzehen

1 Lorbeerblatt

8 Wacholderbeeren

5 Pimentkörner

etwas Thymian

2 EL Essig

1/4 l Wasser

1/8 l Weißwein


1 kg Lammkeule (ohne Knochen)

Salz, Pfeffer

2–3 EL Öl

250 g Tomaten

1 EL saure Sahne

1 EL Mehl

2 EL Wasser

Salz, Pfeffer, Zucker

Zwiebeln und Knoblauchzehen abziehen, vierteln, mit Lorbeerblatt, Wacholderbeeren, Pimentkörnern, Thymian und Essig in 1/4 l Wasser zum Kochen bringen und ca. 5 Minuten kochen. Die Flüssigkeit abkühlen lassen, den Wein hinzugießen. Die Lammkeule in die Marinade legen und 24 Stunden darin ziehen lassen. Zwischendurch einige Male wenden.

Die Keule aus dem Sud nehmen und abtrocknen. Die Marinade durch ein Sieb gießen, die Gewürze mit Zwiebel- und Knoblauchvierteln beiseite stellen. Danach das Fleisch mit Salz und Pfeffer würzen. Öl in einem Bratentopf erhitzen und das Fleisch von allen Seiten darin anbraten. Die Tomaten waschen, vierteln, mit den restlichen Gewürzen, Zwiebel- und Knoblauchvierteln zu dem Fleisch geben und alles zugedeckt schmoren lassen. Die verdampfte Flüssigkeit nach und nach durch Marinade ersetzen. Die Schmorzeit beträgt ca. 90 Minuten.

Für die Sauce die Flüssigkeit durch ein Sieb gießen und saure Sahne unterrühren.

Das Mehl mit 2 Eßlöffel kaltem Wasser anrühren, unter die Flüssigkeit rühren und zum Kochen bringen. Die Sauce ca. 5 Minuten kochen lassen, dann mit Salz, Pfeffer und evtl. etwas Zucker abschmecken.

Die Lammkeule in Scheiben schneiden und mit der Soße servieren.

## Pfundstopf

*Zutaten:*
500 g Schweinefleisch
500 g Rindfleisch
500 g Gehacktes
500 g Fleischwurst
500 g rote Paprikaschoten
500 g Zwiebeln
1 Flasche Chilisauce
1 Flasche Ketchup
1 Becher süße Sahne
Salz, Pfeffer

Das Fleisch und die Wurst in Stücke schneiden und in einen Bratentopf schichten. Aus gewürfelten Paprikaschoten, kleingehackten Zwiebeln, der Chilisauce, dem Ketchup und der süßen Sahne eine gleichmäßige Masse herstellen und das Fleisch damit übergießen. Je nach Geschmack mit Salz und Pfeffer würzen und in den Ofen schieben. Nach ca. 1 Stunde probieren, ob das Fleisch weich ist.

# Schweinerippchen

## Zutaten:

2 kg Schweinerippchen
3 EL Sojaöl
6 EL Sojasoße
5 EL Orangenmarmelade
125 ml Orangensaft

Rippchen in kleine Stücke zerteilen, abspülen, mit Küchenpapier trockentupfen und nebeneinander auf ein Bratblech legen. Öl, Soße, Marmelade und Saft verrühren, in einem Topf kurz aufkochen lassen und die Rippchen damit bestreichen. Auf der mittleren Schiene in den heißen Ofen schieben und braten. Alle 10 Minuten die Stücke wenden und erneut bepinseln bis sie zum Schluß glänzend und knusprig aussehen. Die Rippchen brauchen ca. 1 Stunde bis sie gar sind.

# Sahnegulasch

## Zutaten:

5 EL Schweineschmalz
350 g Schweinegulasch
350 g Rindergulasch
500 g Zwiebeln
1/8 L gekörnte Brühe
2 EL Rotweinessig
1 TL Salz
2 Lorbeerblätter
4 Pimentkörner
1/2 TL Pfeffer
1 EL Paprika, edelsüß
1 EL Mehl
1/2 l saure Sahne

In einem Schmortopf Schmalz erhitzen, Fleisch hineingeben und kräftig unter starker Hitze anbraten. Das Fleisch dabei häufig wenden. Zwiebeln schälen, vierteln und zum Fleisch geben. Eventuell ein wenig Wasser nachgießen und weiter anbraten bis die Zwiebeln gebräunt sind. Brühe, Essig und Gewürze dazugeben, Hitze reduzieren und mit geschlossenem Deckel ca. 90 Minuten schmoren lassen. Zwischendurch umrühren. 10 Minuten vor dem Ende der Garzeit Mehl mit etwas Sahne verrühren und unter das Gulasch ziehen. Kurz vor dem Servieren die saure Sahne unterrühren, nicht mehr kochen!

# Rollbraten

### Zutaten:
200 g Backobst
80 g Rosinen
3 EL Semmelbrösel
1 TL Zucker

1 kg Schweinerollbraten
Salz, Pfeffer
80 g Butter
1/4 l Fleischbrühe
1 TL Speisestärke
1/8 L Sahne

Backobst 12 Stunden vor der Zubereitung des Rollbratens einweichen, aufkochen, unter kaltem Wasser abspülen und kleinschneiden. Mit Rosinen, Semmelbrösel und Zucker vermischen.

Fleisch mit Salz und Pfeffer würzen und auf die Fleischmitte die Backobstfüllung geben, anschließend aufrollen und mit Zwirn umwickeln. Butter in einem Schmortopf heiß werden lassen und das Fleisch darin ringsum anbraten. Brühe aufgießen und zugedeckt bei schwacher Hitze schmoren. Zwischendurch häufig wenden. Speisestärke mit der sauren Sahne verrühren und unter den Bratfond rühren. Eventuell mit Salz und Pfeffer nachwürzen.

## Mmh, wie lecker!

Das Weihnachtsfest stand vor der Tür, und die gesamte Familie hatte sich angesagt. Schon Tage vorher begann das Aussuchen, Einkaufen, Schnippeln, Kochen, Braten und Brutzeln. Natürlich sollte etwas ganz Besonderes auf den Tisch. Ich blätterte stundenlang in meinen Kochbüchern und fand schließlich eine leckere Hackfleischtorte. Am Heiligen Abend kam dann ein phantastisch aussehendes Werk auf den festlich gedeckten Tisch. Es war garniert mit leckeren Beilagen und knusprig geraten – mein ganzer Stolz. Ich vermute stark, daß meine Verwandtschaft mir mein Hochgefühl auch ansah. Schon das Aufschneiden der Hackfleischtorte wurde von staunenden »Ahs« und »Ohs« begleitet, und die ersten Bissen wurden auch unter großem Lob verputzt. Nur mein Mann blieb verdächtig ruhig, was mich doch recht nervös stimmte. Und während die Verwandtschaft weiterhin genüßlich grunzte, schaute ich zu meinem Vater hinüber. Auch er schaute mich an, schielte auf seinen Teller und dann wieder zu mir. Nun mußte ich aber endlich einmal selbst kosten – um mit Schrecken festzustellen, daß das Hackfleisch einfach nur fade schmeckte. Ich schaute wieder zu meinem Vater, und der sagte dann: »Weißt Du, eigentlich schmeckt sie intensiv nach gar nichts!« Nun mehrten sich auch die skeptischen Stimmen aus dem Kreis meiner lieben, so wunderbar aufrichtigen Familie, die es endlich wagte, offen zu sagen, daß das Essen fade schmeckte. In diesem Moment fiel es mir siedendheiß ein: Der Weihnachtsstreß hatte mich eingeholt und mir, einer erfahrenen Köchin, die Konzentration ausgerechnet im wichtigsten Moment geraubt – ich hatte völlig vergessen, das Hackfleisch zu salzen und zu würzen.

Die Hackfleischtorte wurde am nächsten Tag mit den Gewürzen in der Pfanne aufgebraten. Mein optisches Kunstwerk blieb dabei zwar auf der Strecke, aber jetzt schmeckte es endlich so deftig und wunderbar, daß alle vor lauter Gaumenfreude ihre höflichen »Mhms« und »Ahs!« vergaßen.

Seit jenem Essen bin ich immer erst einmal skeptisch, wenn die Komplimente gleich am Anfang nur so auf mich einhageln. Richtig gelobt fühle ich mich erst, wenn ein zweites Mal hingelangt und nachgenommen wird.

Beilagen

# Apfelrotkraut

## Zutaten:

1 Zwiebel (fein gewürfelt)
1 EL Schmalz
1 Glas Rotkohl
1/2 Tasse Wasser oder Wein
Salz
Nelken (gemahlen)
1 geriebener Apfel oder 3 EL Apfelmus
Essig
Zucker
Mehl
Fett

Die Zwiebelwürfel werden in Schmalz angeschwitzt. Dann gibt man den Rotkohl, Wasser oder Wein dazu und läßt ihn zugedeckt langsam mit wenig Hitze kochen. Mit Salz und etwas gemahlenen Nelken würzen. Zum Schluss wird der geriebene Apfel oder Apfelmus dazugegeben. Je nach Geschmack und Vorliebe mit Essig und Zucker abschmecken.
Mit Mehlschwitze binden.

# Bayrisch Kraut

### Zutaten:
500 g Weißkohl
2 Zwiebeln
80 g Schmalz
30 g Mehl
Zucker, Kümmel
Essig
Salz

Der Weißkohl wird fein gehobelt oder gehackt, mit kochendem Wasser übergossen und danach in einem Topf kurz angedünstet. Die gehackten Zwiebeln in dem Schmalz goldgelb auslassen, mit Mehl abbinden und anschließend die Einbrenne mit der Zwiebel unter das Weißkraut und den Sud rühren. Alles mit Zucker, Kümmel, Essig und Salz abschmecken und bis zur gewünschten Dicke und Konsistenz einkochen.

69

# Grünkohl (frisch)

## Zutaten:

750 g frischer Grünkohl

3 Zwiebeln

4 EL Gänseschmalz (oder Butter)

Salz

Nelkenpfeffer

Muskat

Zucker

3/4 l Gemüsebrühe (instant)

Zuerst müssen die Grünkohlblätter von den harten Mittelrispen getrennt, dann gut geputzt und ausgiebig gewaschen werden.

Dann werden sie in kochendem Salzwasser blanchiert. Man läßt sie abtropfen und schneidet sie klein.

Die Zwiebeln werden fein gewürfelt und in einem Topf in dem heißen Gänseschmalz angedünstet. Jetzt gibt man den Grünkohl dazu und würzt ihn mit Salz, Nelkenpfeffer, Muskat und Zucker. Zum Schluß wird die Gemüsebrühe dazugegeben. Bei kleiner Hitze wird der Grünkohl ca. 60 Minuten gedünstet.

# Berliner Porreegemüse

## Zutaten:

750 g Porree

1 EL Mehl

Salz

40 g Margarine

1/2 l Fleischbrühe

Salz, Pfeffer

Die Porreestangen ordentlich putzen, waschen, in Stücke schneiden und in gesalzenem Mehl wenden. Im Topf die Margarine heiß werden lassen und den Porree von allen Seiten hellbraun anbraten. Anschließend die Brühe aufgießen und mit wenig Hitze zugedeckt weiter garen lassen, bis das Gemüse weich ist. Mit Salz und Pfeffer abschmecken. Schmeckt lecker als Beilage zu allen Hackfleischgerichten.

## Leipziger Allerlei

**Zutaten:**
150 g Champignons
80 g Butter
Aus der Dose:
150 g grüne Bohnen
200 g gewürfelte Mohrrüben
200 g grüne Erbsen
200 g Spargelstücke
100 g Blumenkohlröschen
Salz
25 g Mehl
1/4 l Fleischbrühe
3 EL süße Sahne
Salz, Pfeffer, gehackte Petersilie

Pilze kleinschneiden und in der Hälfte der Butter dünsten. Restliches Gemüse aus der Dose mit etwas Gemüsewasser in einen Topf gießen, salzen und aufkochen. Blumenkohl in Röschen teilen, separat abkochen und mit den Pilzen dazugeben. Aus Mehl und der restlichen Butter eine Einbrenne herstellen, mit der Brühe ablöschen und in das noch heiße Gemüse gießen, sofort umrühren. Die süße Sahne beimengen. Mit Salz und Pfeffer abschmecken. Kurz vor dem Servieren mit der gehackten Petersilie überstreuen. Eignet sich als Beilage zu allen Fleischgerichten.

# Steckrübengemüse (Kohlrübe)

## Zutaten:

1 Steckrübe (ca. 1 kg)
1 EL Butterschmalz
1 EL Zucker
1 TL Mehl
1/4 L Fleischbrühe
Salz, Pfeffer
Muskatnuß

Die Rübe schälen, waschen und in 1/2 cm breite Stifte schneiden. Das Butterschmalz zerlassen, den Zucker unter Rühren leicht darin bräunen. Das Mehl unterrühren, das Rüben-Gemüse hinzufügen und 5 Minuten dünsten lassen. Dann die Brühe hinzugießen, das Gemüse mit Salz, Pfeffer und geriebener Muskatnuß würzen und zugedeckt gar dünsten lassen.

# Sauerkraut mit Ananas

## Zutaten:

1 Zwiebel
1 Nelke
600 g Sauerkraut
50 g Schmalz
1/4 l Wasser
etwas Weißwein (je nach Geschmack)
150 g Ananasstücke (aus der Dose)
Essig, Salz, Zucker

Zwiebel mit der Nelke spicken. Das Sauerkraut in Schmalz (gut aufgelockert), Wasser und Wein mit der gespickten Zwiebel 30 Minuten kochen. Dann die Zwiebel entfernen und die Ananasstücke zugeben und mit etwas Ananassaft nochmals ca. 15 Minuten kochen lassen. Mit Essig, Salz und Zucker abschmecken.

Eignet sich gut zu Wild- u. Geflügelgerichten, oder zu Eisbein.

# Rosenkohl, gedünstet

*Zutaten:*
60 g Fett
1 kleine Zwiebel
750 g Rosenkohl
Salz, Muskatnuß
etwas Wasser oder Brühe
Petersilie
Zitronensaft

Im heißen Fett die kleingeschnittene Zwiebel andünsten, dann den gesäuberten Rosenkohl hinzufügen. Mit Salz und Muskatnuß würzen, mit etwas Wasser oder Brühe angießen und 20 Minuten halb zugedeckt weich dünsten. Nochmals nachwürzen und mit Petersilie bestreuen.

Einen besonders pikanten Geschmack erzielt man, wenn man den Rosenkohl mit etwas Zitronensaft beträufelt.

# Kohlrabigemüse

Zutaten:
1 1/2 kg Kohlrabi
15 g Salz
50 g Fett
80 g Mehl
1 Bd. Petersilie (gehackt)
200 ml Milch
20 g Zucker
gemahlener Pfeffer

Kohlrabi schälen und in Würfel schneiden. Die jungen, zarten Blätter waschen, in kleine Streifen schneiden und unter den gewürfelten Kohlrabi mischen. Das Gemüse in kochendes Wasser schütten und mit wenig Hitze weiterkochen. Erst wenn das Gemüse fast weich ist, salzen. Aus Fett und Mehl eine braune Mehlschwitze herstellen und die Petersilie hineinstreuen. Dann nimmt man die Mehlschwitze vom Herd, gießt die Milch dazu, verrührt alles und dickt damit das Kohlrabigemüse an. Etwas Zucker hinzufügen und noch ca. 5 Minuten alles kochen lassen. Erst vor dem Servieren etwas gemahlenen Pfeffer hinzufügen.
Diese Beilage eignet sich hervorragend zu Rind- oder Schweinefleisch.

# Spargel mit zerlassener Butter

### Zutaten:

2,5 kg Spargel

2 bis 3 Liter Wasser

1 TL Salz

1 Prise Zucker

1 TL Butter oder Öl

150 g Butter

1 EL Semmelmehl

2 EL gehackte Petersilie

Spargel waschen, schälen und eventuell zu Bündeln binden, dann in das kochende Wasser geben. Salz, Zucker und ein wenig Butter hinzugeben. Spargel je nach Vorliebe ca. 15 bis 25 Minuten kochen.

Kurz vor Ende der Kochzeit Butter in der Pfanne schön braun werden lassen und etwas Semmelmehl hinzufügen.

Den Spargel vorsichtig aus dem Kochwasser herausnehmen und auf eine erwärmte Servierplatte legen.

Die braune Butter über den Spargel gießen und mit Petersilie bestreuen.

Dazu passen roher Schinken, Schnitzel oder Rührei.

# Erbspüree

## Zutaten:

500 g gelbe Erbsen
1 Bund Suppengrün
1 Kartoffel
Majoran
Salz
50 g Speck
1 Zwiebel

Gewaschene Erbsen über Nacht einweichen, am nächsten Tag mit dem Einweichwasser aufsetzen und etwa 2 bis 3 Stunden auf kleiner Flamme gar kochen. 20 Minuten vor Ende der Garzeit das geputzte und kleingeschnittene Suppengrün, die Kartoffel und Majoran dazugeben. Nach Beendigung der Kochzeit die Erbsen durch ein Sieb drücken, nochmals kurz aufkochen und mit Salz würzen. Speck und Zwiebeln sehr klein würfeln und in wenig Fett goldgelb bräunen. Alles über das Erbspüree geben und nochmals umrühren.

Erbspüree ist die ideale Beilage zu Eisbein.

# Möhrengemüse mit Wirsing

Zutaten:

80 g fetter Speck

2 Zwiebeln

400 g Wirsing

400 g Möhren

Salz, Pfeffer

1 EL gehackte Petersilie

Speck in Würfel schneiden und auslassen, die Zwiebeln in Scheiben, den Wirsing ohne Strunk und die Möhren in Streifen schneiden. Die Zwiebelscheiben und das Gemüse zu dem Speck geben, alles gut darin andünsten und mit Salz und Pfeffer würzen. 1/8 l Wasser hinzugießen, das Gemüse ca. 20 Minuten gar dünsten lassen, evtl. noch etwas Wasser hinzufügen und nochmals mit Salz und Pfeffer abschmecken. Zum Schluß mit der gehackten Petersilie bestreuen.

# Klöße und Knödel

# Semmelklöße

*Zutaten:*
8 Brötchen
1/4 l Milch
1 kleine Zwiebel
frische Petersilie
5 EL Butter
2 Eier
5 EL Mehl
Salz

Die Brötchen in grobe Würfel schneiden und die Milch darübergießen. Alles einweichen lassen. Die Zwiebel schälen und mit der gehackten Petersilie in einem EL Butter andünsten. Brötchenwürfel in einem Sieb abtropfen lassen, dann die Zwiebel, Petersilie, Eier und Mehl untermengen und zu einem Teig verarbeiten. Man sollte darauf achten, daß der Teig nicht allzu fest wird. Den Teig mit Salz abschmecken und ca. 8 Klöße formen. Klöße in kochendes Salzwasser legen und bei mittlerer Hitze etwa 8 Minuten garen. Restliche Butter in der Pfanne bräunen und über die fertigen Klöße geben.

# Kartoffelklöße

**Zutaten:**
1 kg Kartoffeln
1/2 l Milch
Salz
150 g Grieß
2 Eier
Salz
20 g Fett
1 Semmel

Die geschälten Kartoffeln in Wasser reiben. Milch aufkochen und mit einer Prise Salz würzen, dann den Grieß einstreuen und zu einem festen Brei kochen. Nun die geriebenen Kartoffeln in einem Tuch gut ausdrücken. In das Stärkewasser den Grieß, die Eier, etwas Salz und die geriebenen Kartoffeln untermischen und Klöße formen. Semmel in kleine Würfel schneiden und im Fett anrösten. In die fertigen Klöße jeweils ein paar geröstete Brösel drücken und wieder formen. In reichlich Salzwasser ca. 30 Minuten kochen.

81

# Thüringer Klöße

Zutaten:
5 gekochte Kartoffeln
1,5 kg Kartoffeln
4 Eier
1 EL Grieß
Salz, Pfeffer

82

Die 5 gekochten Kartoffeln abpellen und in eine Schüssel reiben.

Die rohen Kartoffeln schälen und in eine Schüssel, gefüllt mit etwas kaltem Wasser, reiben. Dann werden sie in einem Leinentuch abgegossen und gut ausgedrückt. Das in der Flüssigkeit abgesetzte Kartoffelstärkemehl, die geriebenen Kartoffeln, Eier, Grieß und Gewürze vermischen und mit angefeuchteten Händen Klöße formen. Die Klöße in Salzwasser ca. 20 Minuten ziehen lassen. Darauf achten, daß die Klöße nicht zu lange im Wasser liegen.

Tip: Die geriebenen Kartoffeln bleiben schön weiß, wenn man dem Wasser etwas Essig hinzufügt.

# Mohnklöße

### Zutaten:
1 l Milch
150 g gemahlener Mohn
100 g Zucker
2 EL Honig
50 g Mandeln (gehackt)
50 g Rosinen (in Rum eingelegt)
1/2 TL Vanillezucker
4 Brötchen
geriebene Zitronenschale

Von der Milch eine kleine Tasse abfüllen, den Rest mit dem Mohn, Zucker und Honig aufkochen. Dann die Mandeln, Rosinen und Vanillezucker dazugeben und alles mit wenig Hitze weiter köcheln lassen. Jetzt ein verschließbares Glas zur Hand nehmen. Die Brötchen kleinschneiden und in das Glas schichten, darüber kommt ein Teil der Mohnmasse, dann wieder Brötchen usw. Mit einem Tuch abgedeckt ca. 3 Stunden quellen lassen. Jetzt wird die restliche Milch mit dem Rum von den Rosinen und der geriebenen Zitronenschale erhitzt und über das Eingeschichtete gegossen.
Alles mindestens 3 Tage kühl lagern.

# Serviettenklöße

## Hefeklöße (Germknödel)

**Zutaten:**
500 g Kartoffeln
30 g Butter
3 Eier
50 g Semmelbrösel
250 g gedünstete Pfifferlinge
Muskat und Salz
1 EL gehackte Petersilie

**Zutaten:**
400 g Mehl
2 Eier
8/10 l Milch
Salz
80 g Margarine
20 g Hefe

**84**

Pellkartoffeln kochen, pellen, reiben und kalt stellen. In einer Schüssel die Butter schaumig rühren, geriebene Kartoffeln, Eier, Semmelbrösel und Pfifferlinge zugeben und alles verkneten. Die Masse mit Muskat und Salz würzen und einen großen, länglichen Kloß formen. Eine Stoffserviette mit Mehl bestäuben, den Kloß darin einschlagen und locker zubinden. 1 Stunde in Salzwasser kochen, aus der Serviette wickeln und in Scheiben schneiden. Mit der gehackten Petersilie garnieren.

Aus allen Zutaten einen festen Hefeteig bereiten und ca. 1 Stunde kalt gehenlassen. Dann mit einem Löffel Stücke abteilen, zu Knödeln formen und auf einem bemehlten Tuch warm gehenlassen. In reichlich kochendem Salzwasser nun die Knödel nach und nach kochen (sie brauchen viel Platz zum Aufgehen), jeweils jede Seite ca. 4 Minuten kochen (und nach der Hälfte der Zeit den Deckel vom Kochtopf nehmen). Dann die Knödel herausnehmen und sofort mit einer Gabel einstechen, damit der Dampf entweicht und sie nicht zusammenfallen.

# Kartoffelknödel

Zutaten:

1,5 kg mehlige Kartoffeln
2 Speckscheiben (gewürfelt)
1 Zwiebel (gewürfelt)
2 Eigelb
2 Eier
2 EL Mehl
Salz, Muskat, Majoran
Petersilie (gehackt)

Kartoffeln schälen und in Salzwasser kochen. Die Kartoffeln gut abgießen, auf der Kochplatte gut abdämpfen und durch die Kartoffelpresse drücken. Speck- und Zwiebelwürfel braten, mit dem Eigelb, den Eiern, dem Mehl und den Gewürzen zu den noch heißen Kartoffeln geben und auf dem Herd gut durchrühren, damit die Masse bindet. Nun werden die Klöße mit bemehlten Händen geformt. In Salzwasser ca. 20 Minuten ziehen lassen. Mit Petersilie garnieren.

# Petersilienknödel

Zutaten:

8 große Kartoffeln
1 Bund Petersilie
1 Ei
Salz
1 Tasse Grieß
2 EL Kartoffelmehl

Pellkartoffeln kochen, Petersilie hacken. Mit einem Reibeisen die Pellkartoffeln fein reiben. Alle Zutaten in einer Schüssel verrühren. Teig darf nicht zu feucht sein, eventuell etwas mehr Grieß zugeben. Aus dem Teig längliche Knödel formen, in siedendes Salzwasser geben, aufkochen und ca. 25 Minuten ziehen lassen. Zum Servieren in Scheiben schneiden.

# Pflaumenknödel

Zutaten:

1 Stück Hefe

500 g Mehl

1 Ei

1 halbe Tasse Wasser

Salz

1 Glas Pflaumen ohne Saft

(oder getrocknete Pflaumen)

125 g Butter

Die Hefe mit Wasser und Mehl ansetzen und an einem warmen Ort gehen lassen.

Dann alle Zutaten (außer Pflaumen) zu einem geschmeidigen Teig verarbeiten. Nun ein Stück Teig mit einem Löffel abstechen, mit Mehl bestreuen und plattdrücken, eine Pflaume drauflegen, den Teig wieder herumziehen und ein wenig verkneten. Über Wasserdampf 5 Minuten dämpfen und mit ausgelassener brauner Butter übergießen.

# Böhmische Knödel

Zutaten:

250 g Mehl

2 Eier

20 g Fett

2 Semmeln

1/8 l Wasser

Salz

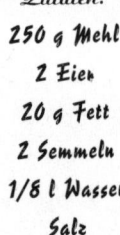

Aus dem Mehl, den Eiern, den kleingewürfelten, mit dem Fett gerösteten Semmeln, dem Salz und dem kalten Wasser einen festen Teig herstellen. Aus dem Teig ca. 8 cm dicke und 20 cm lange Rollen formen und diese in Salzwasser kochen. Vor dem Servieren in Scheiben schneiden.

# Schwammklöße

Zutaten:
35 g Butter
65 g Mehl
1/8 l Milch
1 Eiweiß
1 EL Butter
2 Eier

Die Butter bei kleiner Hitze zerlassen. Mehl mit Milch und Eiweiß verrühren und zu der Butter geben. Alles unter Rühren erhitzen. Ein Eßlöffel Butter schaumig rühren, 2 Eigelb unterziehen und mit der Kloßmasse vermengen. Eiweiß steif schlagen und unterheben. Von der Masse mit 2 Eßlöffeln Klöße abstechen, in kochende Brühe oder Salzwasser geben und zugedeckt ziehen lassen. Ca. 10 Minuten garen lassen und dabei vorsichtig umrühren.

Herzhafte Kartoffelgerichte

# Bauernfrühstück

## Zutaten:

400 g Kartoffeln
1 große Zwiebel
150 g durchwachsener Speck
3 Eier
Schnittlauch
Fett zum Braten
Salz, Pfeffer

Kartoffeln waschen, mit Schale kochen, etwas abkühlen lassen und pellen. Zwiebel und Speck in kleine Würfel schneiden. Erst den Speck anbraten, etwas später die Zwiebeln und zum Schluß die in Scheiben geschnittenen Pellkartoffeln hinzufügen. Eier quirlen und den kleingeschnittenen Schnittlauch unterrühren. In einer zweiten Pfanne etwas Fett zerlassen. Die Eimasse hineingießen, kurz stocken lassen und die Bratkartoffeln auf die eine Hälfte geben. Die Eimasse der anderen Hälfte darüber schlagen. Das Ganze mit Salz und Pfeffer abschmecken. Man kann auch sehr gut gedünstete Pilze unter die Bratkartoffeln mischen.

# Kartoffelbrei mit Schnittlauch

## Zutaten:
1 kg Kartoffeln
1/2 l Milch
2 EL Butter
Salz
Muskat
2 Bund Schnittlauch

Kartoffeln schälen und in Salzwasser gar kochen, abgießen, dämpfen und mit einem Kartoffelstampfer zu Brei stampfen. Man kann sie auch durch ein grobes Sieb drücken. Die Kartoffeln werden dann mit der kochenden Milch und Butter zu einem lockeren Brei verrührt und mit Salz und einer Prise Muskat gewürzt. Zum Schluß den feingehackten Schnittlauch unterrühren. Eignet sich vorzüglich zu Eierspeisen.

# Kümmelkartoffeln

## Zutaten:
1 kg Kartoffeln
100 g Butter
Salz
Kümmel

Kartoffeln unter fließendem Wasser mit einer Bürste gründlich säubern, abtrocknen und halbieren. Dann die Schnittfläche mit Butter bestreichen, mit Salz und Kümmel bestreuen. Nun die Kartoffeln mit den Schnittflächen nach oben auf ein gefettetes Backblech legen und bei 200° C im vorgeheizten Backofen etwa 40 Minuten backen.

# Béchamelkartoffeln

## Zutaten:

1 kg kleine Kartoffeln
1 Zwiebel
100 g Schinken oder magerer Speck
30 g Mehl
1/4 l Milch
1/4 l gekörnte Brühe
Salz, Pfeffer
Muskat
125 ml Sahne
Petersilie
Salz, Pfeffer

**92**

Kartoffeln unter fließendem Wasser säubern, bürsten und abtrocknen, anschließend gar kochen. Zwiebeln und Speck anbraten, Mehl darüber streuen und mit der Milch und Fleischbrühe aufgießen. Alles umrühren, salzen und pfeffern und mit einem Schuß Sahne verfeinern. Fein gehackte Petersilie und Muskat zufügen. Nun die Kartoffeln pellen, in Scheiben schneiden und unter die Soße rühren. Zum Schluß mit Salz und Pfeffer abschmecken.

# Pellkartoffeln mit Quark und Leinöl

*Zutaten:*

1 kg Kartoffeln mittlerer Größe

Salz

1 TL Kümmel

2 Zwiebeln

500 g Magerquark

2 EL Milch

Petersilie

Salz, Pfeffer, Kümmel

3 EL Leinöl

80 g Butter

Gewaschene Kartoffeln mit Salz und Kümmel aufsetzen und gar kochen. Inzwischen Zwiebeln in kleine Würfel schneiden. Quark mit Milch und feingehackter Petersilie anrühren, mit Salz, weißem Pfeffer und Kümmel würzen, Zwiebeln unterrühren und Leinöl darübergießen. Noch einmal mit etwas Pfeffer bestreuen. Gekühlte Butter in kleine Stückchen schneiden und am Schüsselrand anlegen. Kartoffeln pellen, salzen und zusammen mit dem Quark auftragen.

# Kartoffelpuffer

### Zutaten:

500 g Kartoffeln
1 EL Mehl
2 Eier
1 Zwiebel
Salz, Zucker
Öl
Zucker
Apfelmus

Die geschälten Kartoffeln reiben, Mehl, Eier und die gehackte Zwiebel dazugeben, mit etwas Salz und Zucker würzen und dann portionsweise in heißem Öl auf beiden Seiten goldgelb braten. Beim Servieren mit Zucker bestreuen oder mit Apfelmus bestreichen.

# Kartoffelhacktopf

### Zutaten:

500 g Kartoffeln
Öl
250 g gemischtes Hackfleisch
2 Zwiebeln
3 Eier
Salz, Pfeffer
1 Bund Petersilie (gehackt)
1 EL Mehl
1/4 l saure Sahne

Kartoffeln schälen und in dünne Scheiben schneiden. In heißem Öl braten und zur Seite stellen. Das Hackfleisch mit gebratenen Zwiebelwürfeln, einem Ei, den Gewürzen und gehackter Petersilie vermengen. Noch warme Kartoffeln und Hackfleisch abwechselnd in eine gefettete Form schichten und in der Backröhre bei etwa 200° C garen. Die restlichen Eier, das Mehl und die saure Sahne ver-

rühren, würzen und über die Kartoffeln gießen.
Weitere 20 Minuten überbacken.

# Kartoffel-Quark-Auflauf

## Zutaten:

1 kg Kartoffeln

Salz, Pfeffer

500 g Quark

2 Eigelb

1 EL Vollkornmehl

2 Eiweiß

100 g geriebener Käse

Kartoffeln gut waschen, mit der Schale in Salzwasser weich garen, abkühlen und mit der
Schale in Scheiben schneiden. In eine Auflaufform schichten und mit Salz und Pfeffer würzen. Quark, Eigelb und Mehl verrühren. Eiweiß
steif schlagen und unterheben. Masse auf den
Kartoffeln verteilen und mit dem Käse bestreuen. Im Ofen bei 200° C gratinieren. Mit
grünem Salat servieren.

# Brühkartoffeln

**Zutaten:**
1 l Brühe
1 Bund Suppengrün
1 große Zwiebel
Salz
800 g geschälte Kartoffeln
10 g Butter
Liebstöckel
Petersilie

Früher verwendete man Markknochen vom Rind für diese Brühe. Da es aber nicht mehr ratsam ist, diese Knochen zu verwenden, kann man alternativ dazu auch ein Hühnchen abkochen oder man nimmt ganz einfach gekörnte Brühe. Brühe aufkochen, danach einen Teil des Suppengrüns, die Zwiebel und etwas Salz hinzugeben. Den verbleibenden Teil des Suppengrüns in kleine Würfel schneiden und mit der Butter dünsten. In der Zwischenzeit die Kartoffeln in Würfel schneiden und unter Zugabe der Brühe und des feingeschnittenen, gedünsteten Gemüses gar ziehen lassen. Vor dem Anrichten kleingehackte Küchenkräuter darüberstreuen.

# Pommes frites

*Zutaten:*

1 kg Kartoffeln

Pflanzenfett

Salz

Paprika (nach Bedarf)

Die Kartoffeln schälen, waschen und in gleichlange, bleistiftdicke Stifte schneiden. Auf einem Küchentuch gut abtrocknen lassen. Dann in kleinen Portionen, sie müssen frei im Fett schwimmen können, im heißen Pflanzenfett ca. 2 Minuten backen. Wenn sich die Pommes an den Enden gelb färben, aus dem Topf nehmen und in einem Sieb oder auf einem Küchentuch gut abtropfen lassen. Wenn sie abgekühlt sind, erneut in das Fett geben und nochmals ca. 5 Minuten knusprig backen. Kräftig salzen.

# Kartoffelpfanne

*Zutaten:*

500 g kleine Kartoffeln

2 Zwiebeln

50 g Butter oder Margarine

Salz, Pfeffer

2 Wiener Würstchen

8 gewässerte Sardellenfilets

3 Tomaten

1/2 Bund Petersilie

4 Eier

Pfeffer

150 g Gouda

Die Kartoffeln kochen, abpellen und in Scheiben schneiden. Zwiebeln in Ringe schneiden und in der Pfanne mit der Butter oder Margarine goldgelb dünsten. Kartoffelscheiben zufügen, braten und mit Salz und Pfeffer würzen. Würstchenscheiben und die Sardellenfilets mit den Kartoffeln in der Pfanne vermischen. Die Tomaten halbieren, entkernen und die Hälfte jeweils achteln. Petersilie waschen und hacken. Tomaten auf die Kartoffeln legen. Eier verquirlen, mit Pfeffer und 1 EL Petersilie vermengt über die Kartoffeln gießen, etwa 5 Minuten stocken lassen. Käse in Streifen schneiden und auf die Masse legen. Kurz braten, bis der Käse schmilzt. Zum Schluß die Kartoffelpfanne mit der Petersilie garnieren,

# Panierte Kartoffeln

**Zutaten:**
8–10 mittelgroße Kartoffeln
2 l Wasser
2 Eier
20 g Salz
Semmelbrösel
Fett

Die Kartoffeln werden gewaschen, mit der Schale in kochendes Salzwasser gegeben und nicht zu weich gekocht. Dann die Kartoffeln pellen und in Scheiben schneiden. Eier in einem tiefen Teller mit Salz verrühren und die Kartoffelscheiben hineintauchen. Anschließend werden die Kartoffeln in Semmelbrösel gewälzt. In einer Pfanne Fett auslassen und die panierten Kartoffelscheiben goldgelb von beiden Seiten backen. Das Ganze mit Salz abschmecken. Das Gericht paßt besonders gut zu Ragout.

# Himmel und Erde

Zutaten:
5 Kartoffeln
5 Äpfel
75 g Butter
1 Zwiebel
Schmalz

Kartoffeln und Äpfel jeweils für sich kochen, durch ein Sieb drücken und verrühren. Die Butter in kleine Flocken auf den Brei legen. Zwiebel im Schmalz andünsten und samt Schmalz über den Brei gießen. Dazu kann man Bratwurst oder Wiener Würstchen reichen.

# Ganz falscher Hase

Die Familiengründung sollte spätestens der Anlass sein, um wegzukommen von Currywurst, Tiefkühlpizza oder dem Gang in die Studentenmensa. Das, was man von zu Hause mit auf den Weg bekommt, ist in der Regel ein dickes internationales Kochbuch und einen Berg gutgemeinter Ratschläge. Und dann heißt es: »Ran an die Bulletten!« Hier entstehen dann meist die Hefeklöße, die elastisch und widerstandsfähig wie Tennisbälle sind, oder die ersten Schnitzel, dunkel und zäh wie Schuhsohlen.

In unserer Familie war es der erste selbst zubereitete Kaninchenbraten meiner Frau. Auf mein besonders inständiges Bitten hatte sie sich zu diesem Wagnis durchgerungen. Aber es war ein falsches Kaninchen! Nein, kein falscher Hase (Hackbraten), sondern ein viel überraschenderer Etikettenschwindel. Das Kaninchen war eigentlich ein NUTRIA. (Für all jene, die es nicht wissen sollten: Das sind Tiere von Kaninchengröße, die aussehen wie große Nager und in ihren Nahrungsbedürfnissen den Kaninchen gleichen. Sie werden zu Zwecken der Pelzgewinnung in Farmen und Gehegen gehalten und wurden früher nach dem Raub ihres von der Damenwelt so hochgeschätzten Pelzes gerne in Wild- und Spezialitätenläden angeboten. Da hingen sie dann neben Hirsch, Wildschwein, Reh und Fasan und weckten die Begehrlichkeit auf das Besondere.)

Ich bekam so ein Tier ohne Pelz, und es sah genau wie ein leckerer Kaninchenbraten aus. Also gab es »Kaninchen« – denn um meiner Frau nicht die Freude am Kochen und am Verzehr zu nehmen, verschwieg ich ihr die wahre Abstammung unseres Sonntagsbratens, der in der Küche vor sich hin brutzelte und dann aufgetischt wurde. Schon bei der Zubereitung hatte es recht eigentümlich geduftet. Und eigenwillig schmeckte es dann auch. Besser gesagt: einfach widerlich und ungenießbar. Meine Frau saß mit beschämter Miene am Tisch und zweifelte offensichtlich an ihren Kochkünsten. Selbst unsere Hütehündin Mirka, die sonst keine Kostverächterin war, weigerte sich, von dem Braten zu fressen.

Der Grund für diese Misere war eigentlich der gutherzige Lieferant gewesen, der mir extra den größten Braten ausgesucht hatte – und dabei nichts ahnend den alten ausgemusterten Zuchtbock erwischt hatte. Der hatte zweifelsohne schon zu Lebzeiten »tierisch« geböckselt – und diesen Geruch hatte er mit in die Bratröhre und auf unsere Teller gebracht. Die Lust auf Kaninchenbraten war meiner Familie für lange Zeit vergällt.

Erst nach mehr als zwei Jahren wagte ich einen zweiten Vorstoß. Diesmal aber mit einem echten Kaninchen, das ich besorgt und meiner Frau mit bittendem Blick hingelegt hatte. Kurz bevor ich ihr einen echten Nutriamantel versprechen mußte, erbarmte sie sich dann. Und siehe da, der Kaninchenbraten schmeckte zur freudigen Verblüffung vor allem meiner Frau vorzüglich.

Es hat dann übrigens nochmals zwei Jahre gedauert, bis ich meiner Frau beichtete, warum unser erster »Kaninchenbraten« ein ganz falscher gewesen und entsprechend mißlungen war.

Wild-
und
Geflügelgerichte

# Hühnerfrikassee

**Zutaten:**
1 Suppenhuhn
1 Bund Suppengrün
75 g Butter
50 g Mehl
1 Büchse Champignons
1 Glas Kapern
Salz, Pfeffer, Muskat
Zitrone
Zucker

Das Huhn gründlich ausnehmen, waschen und mit dem kleingeschnittenen Suppengrün in Salzwasser kochen. Wenn das Fleisch gar ist, das Huhn aus der Brühe nehmen, abkühlen lassen und das Fleisch kleinschneiden. In einem Topf die Butter auslassen und das Mehl unterrühren, bis die Einbrenne goldgelb ist. Dann soviel Brühe aufgießen, bis die Soße cremig ist. Nun die Champignons und die Kapern mit Flüssigkeit zugeben und alles umrühren. Mit Salz, Pfeffer und Muskat abschmecken. Zum Schluß das Hühnerfleisch unter die Soße rühren und gegebenfalls nochmals mit den Gewürzen abschmecken. Mit Zitrone und Zucker verfeinern. Alles nochmals wenige Minuten aufkochen und etwas ziehen lassen.

# Gänsebraten mit Füllung

## Zutaten:

Zwiebel
1 Bund Petersilie
Leber von der Gans
500 g Hackfleisch
3 EL Semmelbrösel
1 Ei
Salz, Pfeffer
1 TL Majoran
1 Gans
Salz
1 Bund getrockneter Beifuß
1 EL Kartoffelmehl

Zwiebel in kleine Würfel schneiden, Petersilie und Gänseleber hacken und mit dem Hackfleisch, Semmelbrösel und Ei zu einem Teig verkneten. Mit Salz, Pfeffer und Majoran würzen. Die Gans putzen, waschen und mit Salz innen und außen einreiben. Beifuß in die Öffnung geben und mit der Hackfleischmasse füllen. Keulen mit Fäden am Körper der Gans befestigen und die Öffnung zunähen. In einen mit wenig heißem Wasser gefüllten Bräter die Gans mit der Öffnung nach unten legen und bei mittlerer Hitze braten. Nach einer Stunde die Gans jeweils im Abstand von 20 Minuten mit dem Bratensatz begießen. Dabei die Haut unter den Keulen und Flügeln einstechen, damit das Fett abfließen kann. Das Fett vorsichtig mit einer Kelle abschöpfen. Wenn der Bratensatz braun wird, immer wieder mit wenig Wasser ablöschen. Zum Ende der Bratenzeit die Gans wenden, damit die Brust braun wird. Je nach Größe kann eine Gans bis zu 3 Stunden braten. Nach Beendigung der Bratzeit die Gans vorsichtig tranchieren, damit die Füllung nicht zerfällt.

Beifuß entfernen und alles auf einer Warmhalteplatte oder im Backofen warm halten. Den Bratensatz mit Kartoffelmehl binden und nachwürzen. Zum Verfeinern kann man auch einen Schuß Weißwein in die Soße geben.
Dazu wird Rotkohl oder Grünkohl gereicht.

# Kaninchenroulade

## Zutaten:

1 Kaninchen
Salz, Pfeffer
Senf
125 g Speck
3 Zwiebeln
etwas Schmalz
1 Becher Schmand
4 Wacholderbeeren

Aus dem Kaninchenfleisch, besonders aus den Keulen, längliche Scheiben schneiden. Diese salzen, pfeffern und mit Senf bestreichen. Mit kleinen Speckstreifen und den in kleine Stücke geschnittenen Zwiebeln belegen, einrollen und mit Rouladennadeln feststecken. Im heißen Schmalz die Rouladen kräftig anbraten. Dann die Rouladen entfernen und die restlichen Zwiebeln und Speck in dem noch heißen Fett bräunen. Nun den Schmand unterrühren und mit heißem Wasser ablöschen. Jetzt werden die Rouladen und die Wacholderbeeren wieder der Soße hinzugefügt und ca. 50 Minuten geschmort.

Zum Schluß die Soße mit Mehl binden und nochmals mit Salz und Pfeffer abschmecken.

109

# Putengulasch

## Zutaten:
500 g Putenfleisch
Bratfett
1 Zwiebel
500 g Champignons
Salz, Pfeffer
1/4 l Brühe
1 Becher Sahne
Soßenbinder

Putenfleisch waschen, abtropfen und in Fett kräftig anbraten. Kurz vor Ende der Garzeit die geviertelten Zwiebeln, die geputzten und in Scheiben geschnittenen Champignons hinzufügen und alles mit Salz und Pfeffer abschmecken. Wenn der Bratensatz beginnt anzusetzen, nach und nach mit heißer Brühe ablöschen. Kurz vor Ende der Garzeit restliche Brühe zugeben und die Sahne unterrühren. Eventuell mit etwas hellem Soßenbinder abbinden.

# Wiener Backhähnchen

**Zutaten:**
2 Hähnchen
Salz, Pfeffer
Worcestersoße
Mehl
1 Ei
Paniermehl
Öl
1 Zitrone

Geflügel säubern, waschen und gut abtrocknen. Die Hähnchen vierteln und die Viertel nochmals halbieren, salzen, pfeffern und mit Worcestersoße würzen. Die Hähnchenstücke zuerst in Mehl, dann in Ei und zuletzt im Paniermehl wenden und bei 180° C ca. 20 Minuten im Öl schwimmend backen.

Die fertigen Backhähnchenstücke mit Zitronenscheiben garniert servieren. Dazu reicht man Kartoffelsalat.

109

# Gebratene Ente

Das Fett von der Soße schöpfen, diese mit Salz und Pfeffer abschmecken. Mit Apfelrotkohl und Kartoffelklößen servieren.

## Zutaten:
1 Ente (küchenfertig)
Salz, Pfeffer
250 g Äpfel
2 Zwiebeln
1 Zweig Beifuß
2 EL Butter
1 EL Speisestärke

Ente abwaschen, trockentupfen und innen sowie außen mit Salz und Pfeffer einreiben. Äpfel und Zwiebeln schälen, vierteln und mit dem Beifuß und der Butter in die Ente stopfen. Die Öffnung zustecken. Die Ente mit etwas Wasser in einen Bräter geben. Bei mittlerer Hitze ca. 2 Stunden garen. Dabei die Ente öfters begießen. Ente herausnehmen, warm stellen. Bratensatz eventuell mit etwas Entenfond auffüllen. Stärke mit etwas Flüssigkeit anrühren, den Bratensaft damit binden und durchkochen lassen.

# Wildschweinbraten

## Zutaten:
750 g Keule vom Wildschwein
Salz
Pfeffer
50 g Schmalz
2 Lorbeerblätter
3 Pimentkörner
3 Wacholderbeeren
1 Becher saure Sahne

Fleisch mit Salz und Pfeffer einreiben und im Schmalz kräftig anbraten. Gewürze dazugeben und unter ständiger Zugabe von Wasser garen. Zum Schluß die saure Sahne dem Bratenfond zugeben und alles aufkochen lassen. Nochmals mit Salz und Pfeffer abschmecken.

# Hasenkeule in Sahnesoße

### Zutaten:
Öl

4 Wacholderbeeren

4 Pimentkörner

3 Lorbeerblätter

1 Zwiebel

4 Hasenkeulen

Salz

Schmalz

1 Mohrrübe

saure Sahne

1 Glas Rotwein

Das Öl mit den Gewürzen und der feingewürfelten Zwiebel vermischen, über die Hasenkeulen gießen und 24 Stunden kalt stehenlassen. Danach das Fleisch salzen und von allen Seiten im Schmalz anbraten. Mohrrübe in kleine Würfel schneiden, mit etwas kochendem Wasser über das Fleisch geben und gar schmoren. Nun den Bratenfond mit der sauren Sahne verrühren und mit Rotwein abschmecken. Schmeckt besonders lecker mit Klößen und Rotkohl.

# Hähnchenbrust in Zitrone

### Zutaten:
3 Knoblauchzehen
1 Zitrone
2 EL Olivenöl
50 g Butter
4 Hähnchenbrustfilets
Salz, Pfeffer
5 EL gehackte Petersilie

Knoblauch schälen und in dünne Scheiben schneiden. Zitronenschale reiben, Zitrone auspressen. Öl und Butter bei wenig Hitze in der Pfanne auslassen, das Fleisch hinzugeben und von jeder Seite ca. 8 Minuten braten. Fleisch auf einen Teller legen und warm halten. Knoblauch kurz braten, dann 2 EL Wasser, geriebene Zitronenschale und den Zitronensaft hinzufügen, mit Salz und Pfeffer würzen und kurz aufkochen. Mit einem Löffel über das Fleisch verteilen. Mit Petersilie garnieren.

# Gefüllte Ente

### Zutaten:
1 Ente
Salz, Pfeffer
1 Brötchen
1/8 L Milch
300 g getrocknete Aprikosen
1 Ei
ein wenig Zimt
1/4 l Fleischbrühe
2 TL Speisestärke
1 EL Mandelblättchen

Ente gründlich waschen, mit Küchenkrepp abtropfen und mit Salz und Pfeffer einreiben. Brötchen in Scheiben schneiden, in Milch einweichen. Aprikosen würfeln, mit Ei, Brot und Zimt mischen und die Ente damit füllen. Die Öffnung mit Holzstäbchen oder Rouladennadeln schließen. Die Ente in den Bräter legen und bei 200° C ca. 90 Minuten braten. Zwischendurch mit Brühe begießen, damit die Ente nicht zu sehr austrocknet.

Für die Soße etwas Wasser mit der Speisestärke verrühren, aufkochen und abschmecken. Vor dem Servieren die Ente mit gerösteten Mandelblättchen bestreuen.

# Hirschgulasch in Rotweinsoße

Salz, Pfeffer
2 EL Mehl

## Zutaten:

1 kg Hirsch ohne Knochen
5 EL Öl
200 g Zwiebelwürfel
3/8 L Rotwein
1 Lorbeerblatt
2 Nelken
7 Pfefferkörner
1 TL Paprika, edelsüß
200 g Crème fraîche

Fleisch in Würfel schneiden und in heißem Öl anbraten. Zwiebeln kurz vor Beendigung des Anbratens zu dem Fleisch geben und ebenfalls bräunen. Anschließend den Rotwein und die Gewürze dazugeben. Mit geschlossenem Deckel und bei schwacher Hitze nun das Fleisch ca. 90 Minuten schmoren lassen bis es weich ist. Dann Paprika und Crème fraîche hinzufügen, mit Salz und Pfeffer abschmecken und kurz aufkochen lassen.

# Gekochte Eier in Speckstippe mit Senf

*Zutaten:*
200 g durchwachsener Speck
2 Zwiebeln
75 g Butter
80 g Mehl
etwas gekörnte Brühe
Senf
Zucker
4-6 Eier

Speck und Zwiebeln würfeln und in der Butter knusprig braten. (Zuerst den Speck in das Fett geben, etwas später die Zwiebeln.) Alles mit Mehl bestäuben und nochmals etwas einbrennen lassen. Dann alles mit ca. 1–1,5 L Wasser auffüllen und nach dem Aufkochen etwas gekörnte Brühe dazugeben. Senf je nach Bedarf und Geschmack hinzufügen und mit Zucker abschmecken. Eier kochen, pellen und in die Soße geben.

# Knoblauch-Omelett für eine Person

### Zutaten:

1-2 Knoblauchzehen

1 grüne Peperoni

1 Zwiebel

Öl

2 Eier

3 EL Schnittlauch

4 TL Kreuzkümmel

Salz, Pfeffer

2 Eßlöffel Sahne

Knoblauchzehen und Peperoni sehr fein hacken. (Peperoni vorher entkernen!) Zwiebel schälen und in kleine Würfel schneiden.

Das Öl sehr heiß werden lassen und die Zwiebeln, Peperoni und Knoblauch anbraten. Die Eier schlagen und mit den Gewürzen und der Sahne verrühren. Die Mischung noch einmal kräftig schaumig schlagen und sofort zu den Zwiebeln geben. Alles stocken lassen.

# Eierfrühstück

### Zutaten:
100 g Räucherspeck
1 Zwiebel
3 EL geschnittener Schnittlauch
6 Eier
Salz, Pfeffer
5 gekochte Kartoffeln

118

Den Speck und die Zwiebel würfeln, die Kartoffeln in Scheiben schneiden. Speck in der Pfanne auslassen, Zwiebel und Kartoffeln darin goldbraun rösten. Eier mit Salz und Pfeffer verquirlen, über die Kartoffeln gießen und unter vorsichtigem Rühren stocken lassen. Zum Schluß leicht bräunen und auf eine vorgewärmte Platte stürzen. Mit feingeschnittenem Schnittlauch überstreuen und mit grünem Salat anrichten.

# Alt-Berliner Speckeierkuchen

### Zutaten:
6 Eier
250 g Mehl
1/2 l Berliner Weiße
125 g fetter Speck

Die Eier werden einzeln aufgeschlagen, dann gibt man das gesiebte Mehl dazu und rührt alles mit dem Schneebesen gründlich durch. Jetzt das Weißbier hinzugeben und das Ganze vermengen. In einer Pfanne jeweils einige Speckwürfel knusprig braten und mit einer Kelle die entsprechende Menge Eierkuchenmasse darübergießen. Von beiden Seiten goldgelb backen.
Zu den heißen Eierkuchen schmeckt grüner Salat sehr gut.

# Eierfrikassee

Zutaten:

30 g Butter

30 g Mehl

1/2 l Milch

125 g Kräuterschmelzkäse

2 EL gehackte Petersilie

1 EL Schnittlauchröllchen

Salz, Pfeffer

125 g Schinken, gekocht

6 Eier, hartgekocht

Butter oder Margarine erhitzen, Mehl darin andünsten, mit der Hälfte der Milch ablöschen.
Käse unterrühren, restliche Milch hinzufügen
und aufkochen. Kräuter dazugeben und Soße
mit Salz und Pfeffer abschmecken.
Schinken in Würfel, Eier in Achtel schneiden,
in die Soße geben und heiß werden lassen.
Nochmals abschmecken. Dazu reicht man Reis.

# Frühlingseier
## (für 1 Person)

Zutaten:

2 Eier

Butter

Schnittlauch in Röllchen geschnitten

Salz, Pfeffer

Eier kochen. Eigelb sollte noch weich sein. Zwischendurch in einer Pfanne Butter bräunen. Eier
in 2 Hälften schneiden, Schnittlauch über die
Hälften streuen und mit brauner Butter beträufeln. Mit Salz und Pfeffer würzen. Dazu reicht
man Baguette.

# Eierauflauf

größer ist als die Auflaufform, mit Wasser füllen und die Form dort hineinstellen. Im Ofen bei 180° C backen.

1 Tasse Milch
3 EL Butter
3 EL Mehl
1 Becher süße Sahne
6 Eier
Salz und Pfeffer
Butter

Milch abkochen. Die Butter schaumig rühren und das Mehl, die abgekochte Milch und die Sahne hinzufügen und alles gut umrühren. Die Mischung ins Wasserbad geben und ca. 3 Minuten kochen lassen. Eier trennen und das Eigelb zu der Masse hinzufügen. Alles ordentlich quirlen, bis die Masse dick wird. Masse vom Herd nehmen und die Gewürze untermischen. Zum Schluß das steifgeschlagene Eiweiß unterheben. Eine Auflaufform mit Butter ausreiben und die Masse einfüllen. Eine Pfanne, die

# Kaiserschmarrn

### Zutaten:
10 Eigelb
625 ml Milch
250 g Weizenmehl
25 g Zucker
1 Messerspitze Salz
10 Eiweiß
125 g Butter
Puderzucker
Rosinen je nach Geschmack

Eigelb, Milch, Mehl, Zucker und Salz vermischen und gut durchrühren. Eiweiß steifschlagen und unter die schon fertige Masse heben. In der Pfanne Fett erhitzen und die erste Hälfte des Teiges einfüllen. Den Schmarrn goldgelb anbacken. Jetzt den Teig mit 2 Holzschabern oder –löffeln auseinanderreißen. Nochmals weiterbacken lassen, bis alles schön gebräunt ist. Bevor man den Kaiserschmarrn serviert, bestreut man ihn mit Puderzucker.

Wer mag, kann dem Teig auch Rosinen hinzufügen.

# Eierkuchen
## (für 2 Personen)

### Zutaten:
150 g Mehl
1/4 l Milch
2 Eier
eine Prise Salz
Sonnenblumenöl zum Backen

Mehl, Milch und Eier mit dem Mixer verrühren und eine Prise Salz dazugeben.

Etwas Sonnenblumenöl in der Pfanne erhitzen, eine Kelle Teig in die Pfanne geben. Eierkuchen goldgelb ausbacken und dann wenden.

Eierkuchen kann man mit allem Möglichen essen. Entweder süß mit Zucker, Nutella, Apfelmus oder anderem Kompott. Wer es lieber herzhaft mag, fügt dem Teig einfach kleingeschnittene Salami, Pilze oder Käse hinzu. Diese Zutaten werden dann einfach mitgebacken.

# Rum-Omelette

### Zutaten:
6 Eier
1 Tasse Zucker
1 Tasse süße Sahne
1 Tasse Rum
Butter, geschlagen
Konfitüre

Zunächst die Eier trennen und den Zucker sehr fein stoßen. Die Sahne, den Zucker, den Rum und das Eigelb verrühren. Eiweiß schlagen und unter die Masse heben. Die Masse in sehr heißer Butter backen. Dann die eine Hälfte mit Konfitüre belegen und die andere Hälfte darüberschlagen.

# Köchelverzeichnis